2018
交通运输行业重点科研平台发展报告

Development Report of Key Research
Platform of Transportation Industry

中华人民共和国交通运输部

人民交通出版社股份有限公司
China Communications Press Co.,Ltd.

内 容 提 要

本发展报告分为综述篇、风采篇、制度篇三部分。综述篇主要概述了行业重点实验室、行业研发中心、国家级重点科研平台、行业协同创新平台的基本建设情况；风采篇从优秀平台展示、年度创新人物介绍、技术突破成果、2019年度重点攻关方向、重大活动掠影等角度对以上行业重点科研平台进行了详细介绍。制度篇介绍了行业重点科研平台管理办法及科研设施仪器共享办法等。

本发展报告可作为相关管理及技术人员了解行业重点科研平台建设及发展情况的参考文献。

图书在版编目（CIP）数据

2018交通运输行业重点科研平台发展报告 / 中华人民共和国交通运输部主编. — 北京：人民交通出版社股份有限公司，2019.7
　ISBN 978-7-114-15627-4

Ⅰ. ①2… Ⅱ. ①中… Ⅲ. ①交通运输业—研究报告—中国—2018 Ⅳ. ①F512.3

中国版本图书馆CIP数据核字（2019）第122879号

书　　名：2018交通运输行业重点科研平台发展报告
著　作　者：中华人民共和国交通运输部
责任编辑：周　宇　牛家鸣
责任校对：刘　芹
责任印制：张　凯
出版发行：人民交通出版社股份有限公司
地　　址：（100011）北京市朝阳区安定门外外馆斜街3号
网　　址：http://www.ccpress.com.cn
销售电话：（010）59757973
总 经 销：人民交通出版社股份有限公司发行部
经　　销：各地新华书店
印　　刷：北京印匠彩色印刷有限公司
开　　本：880×1230　1/16
印　　张：7
字　　数：167千
版　　次：2019年7月　第1版
印　　次：2019年7月　第1次印刷
书　　号：ISBN 978-7-114-15627-4
定　　价：168.00元

（有印刷、装订质量问题的图书，由本公司负责调换）

前言

《交通运输行业重点科研平台发展报告》是全面展现交通运输行业重点科研平台现状布局和发展成效的专项报告。其功能定位是展示平台风采、传递政策信息、引领发展方向，为各平台总结成绩、制定计划提供依据和参考，按年度发布。

2018年，行业重点科研平台瞄准国家战略方向，聚焦交通强国目标，潜心开展科技研发、成果转化、人才培养等活动，加快建立以科技创新为引领、以智慧交通为主攻方向、以高端人才为支撑的创新发展体系，推动互联网、大数据、人工智能同交通运输深度融合，不断提升科技创新对行业发展的支撑引领能力，为交通运输高质量发展做出了积极贡献。

《2018交通运输行业重点科研平台发展报告》（以下简称《发展报告》）本着精炼、客观、务实的原则，围绕2018年一年来行业重点科研平台结构布局、发展成效和专项工作等基本情况，梳理归纳行业重点科研平台在科技创新、成果转化、人才培养、学术交流等方面的主要业绩，凝练过去一年技术突破成果，明确未来一年重点攻关方向，为各平台更好地找准自身定位、确立发展方向提供了有益参考。

《发展报告》分为综述篇、风采篇、制度篇三个部分。综述篇按照行业重点实验室、行业研发中心、国家级重点科研平台以及行业协同创新平台的类别，重点介绍行业重点科研平台在总体布局、科研水平、人才结构、基础条件、开放交流等方面情况；风采篇结合行业重点科研平台评估、主任培训班、主任联席会议等重点工作，展示行业重点科研平台优秀单位、优秀个人风采，明确2018年行业重点科研平台技术突破成果以及2019年重点攻关方向；制度篇结合行业主管部门出台的相关制度文件，传递政策信息，引领发展方向。

作 者

2019年4月

目录

综 述 篇

一、行业重点实验室 …………………………………………………………………… 4

二、行业研发中心 ……………………………………………………………………… 16

三、国家级重点科研平台 ……………………………………………………………… 23

四、行业协同创新平台 ………………………………………………………………… 27

风 采 篇

一、优秀平台展示 ……………………………………………………………………… 39

二、年度创新人物介绍 ………………………………………………………………… 72

三、技术突破成果 ……………………………………………………………………… 77

四、2019 年度重点攻关方向 …………………………………………………………… 80

五、重大活动掠影 ……………………………………………………………………… 82

制 度 篇

一、《交通运输行业重点实验室管理办法》（交科技发〔2017〕174 号）………… 94

二、《交通运输行业研发中心管理办法》（交科技发〔2018〕114 号）…………… 97

三、《交通运输行业协同创新平台管理办法（暂行）》（交科技字〔2013〕259 号）…… 100

四、《交通运输重大科研基础设施和大型科研仪器开放共享管理暂行办法》

（交办科技〔2019〕10 号）………………………………………………………… 102

综述篇

一、行业重点实验室

二、行业研发中心

三、国家级重点科研平台

四、行业协同创新平台

进入"十二五"以来，行业重点科研平台加快发展，总数已达137个，其中行业重点实验室52个、行业研发中心48个，与国家发展和改革委共建了9个国家工程实验室和3个国家工程研究中心，与科技部共同培育了3个国家重点实验室和3个国家工程技术研究中心，依托大型骨干企业、高等院校建设了10个以企业为主体和9个以高校为主体的协同创新平台。从专业领域来看，既包括了传统交通领域，如公路工程、水路工程、材料工程、运输工程、交通安全等，又根据新技术、新业态发展及交通运输需求，覆盖综合交通运输大数据、交通运输网络安全、智能车路协同等新兴领域。

总体来看，交通运输行业科研平台已形成了国家级、部级两个层次，重点实验室、研发中心两个体系为主体的行业重点科研平台体系，重点科研平台成为科技创新高地、人才培养基地的重大成果产地的作用日渐凸显，在交通运输事业发展中发挥了重要支撑和引领作用。交通运输行业重点科研平台体系如图1所示。

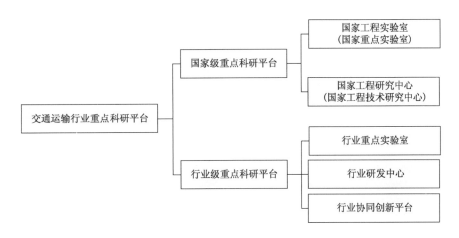

图1 交通运输行业重点科研平台体系

2018年，行业重点科研平台发展态势良好，在科技创新、人才培养、成果转化等方面取得明显进步，"创新高地"地位逐步凸显，在打造现代交通、引领转型升级中发挥了重要支撑作用，主要体现在以下五个方面：

一是取得了一大批高水平研究成果，为交通运输高质量发展提供了有力支撑。一年来，行业重点科研平台尤其是行业重点实验室，通过开展基础性、应用基础性研究，攻克了一系列技术难题，研究成果在国家、行业重大工程中得到了有效应用，为交通运输事业发展提供了有力的技术支撑。2018年，行业重点实验室获得国内授权发明专利1 121项；获各级各类奖项273项，其中，国家科学技术进步奖7项，国家技术发明奖1项，省部级科学技术进步奖187项，其他科学技术奖78项，获省部级以上奖项占获奖总数的71.4%；一批高水平、实用型的科技成果在港珠澳大桥等重大工程中发挥了显著的作用，解决了大量工程实践建设中的重大技术难题。

二是一批先进适用的研发成果得以广泛应用，加速了科技成果向现实生产力转化。一年来，行业研发中心围绕功能定位，致力于科技研发和成果转化，推动技术成果的工程化、市场化应用。以2018年开展评估的51家行业重点科研平台为例，近五年共获得各类科技项目经费120.77亿元，其中国家级、省部级及国际合作项目经费41.38亿元。行业研发中心全年共获得国内授权发明专利696项，获各级各类奖项233项，其中国家技术发明奖1项，省部级科学技术进步奖116项，其他科学技术奖116项，获省部级以上奖项占获奖总数的50.2%，依托基础研究、应用基础研究取得的先进技术成果得以广泛的工程化、市场化应用，大大加速了科技成果向现实生产力的转化。

三是研究团队不断壮大，已成为集聚和培养高层次科技人才的重要基地。一年来，面对经济下行压力不断加大的复杂严峻形势，以及日趋激烈的科技竞争，行业重点实验室、研发中心围绕自身功能定位和重点研究方向，制定一系列具有激励性的政策措施，加大了优秀创新人才的引进和培养力度，特别是强化了科技创新团队以及具有国际竞争力创新团队的建设，吸引和凝聚了一批优秀交通运输科技人才。一批人才伴随平台发展快速成长，部分科研人员已成为领军人才，在国内外、行业内外的影响力日益加大，使重点科研平台逐步成为凝聚高层次科技人才的重要阵地。截至2018年底，行业重点科研平台固定人员达到万余人，其中高级职称人员占比超过50%，院士26人，国家百千万人才58人，享受国务院特殊津贴人员近180人，形成了行业科技创新的中坚力量。

四是科研设施及关键仪器设备投入力度不断加大，为提升研究实验能力和水平奠定了基础。一年来，在中央财政资金的引导和带动下，通过政府投入与单位自筹，行业重点科研平台科技投入力度不断加大，52个行业重点实验室完成科研基本建设投资9.55亿元，48个行业研发中心完成科研基本建设投资15.5亿元。截至2018年底，行业重点实验室科研用房建筑面积共计52.45万 m^2，仪器设备总数2.67万台套，十万元及以上设备数量3 595台套，仪器设备总值29.57亿元，十万元及以上设备总值19.41亿元；行业研发中心科研用房建筑面积共计27.4万 m^2，仪器设备总数10.7万台套，十万元及以上设备数量1 013台套，仪器设备总值6.97亿元，十万元及以上设备总值4.26亿元。随着科技投入的不断加大，行业重点科研平台科研基础条件得到改善，一批具有国内领先水平的综合试验场、实验室相继建成，增强了持续发展的动力和后劲。

五是持续加强了学科建设，已成为学科发展和培育的重要载体。目前行业重点实验室覆盖了公路工程、水路工程、运输工程、智能交通、交通安全和环保节能6个专业技术领域，行业研发中心覆盖了公路工程、运输工程、智能交通、交通安全和环保节能5个专业技术领域，既有传统专业，又有新兴学科，实现了新老结合、融合发展，为交通运输主干学科及其他相关学科的发展提供了平台，稳定了一些公益性强的重要学科方向，培育提升了一批特色、前沿学科，加快了我国在智能交通、物流技术、新材料等新兴交叉领域的学科发展，为进一步凝练学科研究方向与特色、巩固学科整体优势奠定了基础。

一、行业重点实验室

（一）总体布局

截至2018年底行业重点实验室已认定52个（表1）。覆盖了公路工程、水路工程、运输工程、智能交通、交通安全和环保节能6个专业技术领域（图2）。

表1 行业重点实验室名单

序号	行业重点实验室名称	依托单位
一、公路工程领域		
1	道路结构与材料行业重点实验室	交通运输部公路科学研究院
2	道路结构与材料行业重点实验室	长安大学
3	道路结构与材料行业重点实验室	长沙理工大学

续上表

序号	行业重点实验室名称	依 托 单 位
4	季节性冻土区公路建设与养护技术行业重点实验室	吉林省交通科学研究所
5	季节性冻土区公路建设与养护技术行业重点实验室	黑龙江省交通科学研究所
6	高速公路养护技术行业重点实验室	辽宁省交通科学研究院有限责任公司
7	高速公路养护技术行业重点实验室	山东省交通科学研究院
8	多年冻土区公路建设与养护技术行业重点实验室	中交第一公路勘察设计研究院有限公司
9	干旱荒漠地区公路工程技术行业重点实验室	新疆交通科学研究院
10	黄土地区公路建设与养护技术行业重点实验室	山西省交通科学研究院
11	多年冻土区公路建设与养护技术行业重点实验室青海研究观测基地	青海省交通科学研究所
12	桥梁结构工程行业重点实验室	重庆交通大学
13	长大桥梁建设施工技术行业重点实验室	中交第二航务工程局有限公司
14	桥梁结构抗风技术行业重点实验室	同济大学
15	桥梁结构抗震技术行业重点实验室	招商局重庆交通科研设计院有限公司
16	旧桥检测与加固技术行业重点实验室	长安大学
17	旧桥检测与加固技术行业重点实验室	交通运输部公路科学研究院
18	长大桥梁健康检测与诊断技术行业重点实验室	苏交科集团股份有限公司
19	隧道建设与养护技术行业重点实验室	招商局重庆交通科研设计院有限公司
二、水路工程领域		
20	工程泥沙行业重点实验室	交通运输部天津水运工程科学研究院
21	河口海岸行业重点实验室	上海河口海岸科学研究中心
22	港口航道泥沙工程行业重点实验室	南京水利科学研究院
23	港口岩土工程技术行业重点实验室	中交天津港湾工程研究院有限公司
24	水工构造物耐久性技术行业重点实验室	中交四航工程研究院有限公司
25	水工构造物监测、诊断与加固技术行业重点实验室	交通运输部天津水运工程科学研究院
26	内河航道整治技术行业重点实验室	重庆交通大学
27	航道疏浚技术行业重点实验室	中交疏浚技术装备国家工程研究中心有限公司
28	通航建筑物技术行业重点实验室	南京水利科学研究院
三、运输工程领域		
29	港口物流设备与控制工程行业重点实验室	交通运输部水运科学研究院
30	航运技术行业重点实验室	上海船舶运输科学研究所
31	船机修造工程行业重点实验室	大连海事大学
32	港口装卸技术行业重点实验室	武汉理工大学
33	航运技术与控制行业重点实验室	上海海事大学
34	船舶动力工程技术行业重点实验室	武汉理工大学
四、交通安全领域		
35	汽车运输安全保障技术行业重点实验室	长安大学
36	公路交通安全技术行业重点实验室	交通运输部公路科学研究院

续上表

序号	行业重点实验室名称	依托单位
37	运输车辆运行安全技术行业重点实验室	交通运输部公路科学研究院
38	运输车辆检测、诊断与维修技术行业重点实验室	山东交通学院
39	交通安全特种材料与智能化控制技术行业重点实验室	哈尔滨工业大学
40	交通基础设施安全风险管理行业重点实验室	北京交通大学
41	交通基础设施安全风险管理行业重点实验室	长沙理工大学
42	交通基础设施安全风险管理行业重点实验室	东南大学
五、环保节能领域		
43	公路交通环境保护技术行业重点实验室	交通运输部公路科学研究院
44	水路交通环境保护技术行业重点实验室	交通运输部天津水运工程科学研究院
六、智能交通领域		
45	智能交通技术行业重点实验室	交通运输部公路科学研究院
46	航海动态仿真和控制行业重点实验室	大连海事大学
47	城市公共交通智能化行业重点实验室	北京工业大学
48	城市公共交通智能化行业重点实验室	交通运输部科学研究院
49	集装箱运输智能化行业重点实验室	交通运输部水运科学研究院
50	水上智能交通行业重点实验室	大连海事大学
51	综合交通运输大数据应用技术行业重点实验室	交通运输部科学研究院
52	综合交通运输大数据应用技术行业重点实验室	北京交通大学

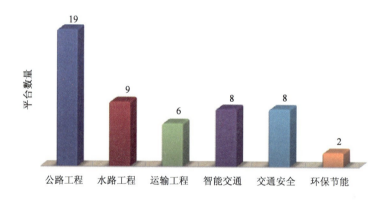

图2 现有行业重点实验室领域分布

（二）科研水平

1. 承担科研任务

2018年，行业重点实验室共主持承担各类科研项目4 319项（表2）。其中，国家级课题458项，占10.6%；国际合作项目47项，占1.1%；省部级项目608项，占14.1%；横向课题2 449项，占56.7%；开放课题411项，占9.5%。

表2　2018年行业重点实验室承担各类科研项目情况

专业领域	国家级	国际合作	省部级	厅级	横向委托	开放课题	合计
公路工程	83	4	230	211	476	101	1 105
水路工程	108	8	91	15	643	40	905
运输工程	67	2	65	12	444	147	737
智能交通	73	6	86	40	265	37	507
交通安全	124	19	94	54	546	73	910
环保节能	3	8	42	14	75	13	155
合计	458	47	608	346	2 449	411	4 319

各专业领域行业重点实验室平均主持承担各类科研项目83项。其中，公路工程领域承担58项、水运工程领域承担101项、运输工程领域承担123项、交通安全领域承担114项（图3）。平均承担国家级课题9项，公路工程领域和环保节能领域相对较低，平均承担国家级课题数分别为4项和2项。设立开放课题平均数为8项，运输工程领域开放程度最高，平均每个实验室设立25项开放课题。

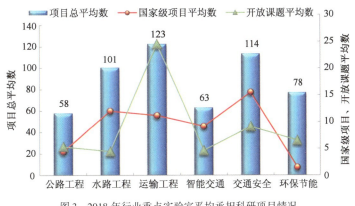

图3　2018年行业重点实验室平均承担科研项目情况

2. 获得科技奖励

2018年，行业重点实验室共获各级各类奖项273项（表3）。其中，获国家科学技术进步奖7项，获国家技术发明奖1项（公路工程领域获国家科技奖励2项、智能交通领域获国家科技奖励4项、交通安全领域获国家科技奖励2项），获省部级科学技术进步奖187项，其他科学技术奖78项，获省部级以上奖项占获奖总数的71.4%。

表3　2018年行业重点实验室获奖情况

专业领域	国家级科技奖	省部级科学技术进步奖	其他奖	合计
公路工程	2	87	57	146
水路工程	0	43	9	52
运输工程	0	6	1	7
智能交通	4	18	5	27
交通安全	2	31	6	39
环保节能	0	2	0	2
合计	8	187	78	273

平均每个行业重点实验室获各级各类奖项5.3项。其中，公路工程领域获奖平均数为7.7项，获省部级以上科学技术进步奖4.7项，在行业科技进步中处于领头羊地位；水路工程领域获奖平均数为5.8项，

获省部级以上科学技术进步奖 4.8 项；交通安全领域获奖平均数为 4.9 项，获省部级以上科学技术进步奖 4.1 项（图 4）。2018 年行业重点实验室获得国家奖项一览见表 4。

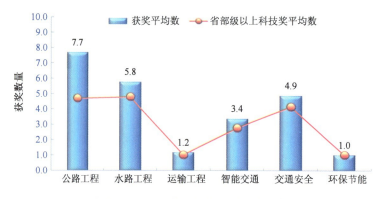

图 4　2018 年行业重点实验室平均获奖情况

表 4　2018 年行业重点实验室获得国家级奖项一览表

序号	成果名称	奖项及等级	所在行业重点实验室	依托单位
1	重载水泥混凝土铺面关键技术研究	国家科学技术进步奖二等奖	道路结构与材料行业重点实验室（北京）	交通运输部公路科学研究院
			黄土地区公路建设与养护技术行业重点实验室	山西省交通科学研究院
2	城市多模式公交网络协同设计与智能服务关键技术及应用	国家科学技术进步奖二等奖	交通基础设施安全风险管理行业重点实验室	东南大学
			智能交通技术行业重点实验室	交通运输部公路科学研究院
			城市公共交通智能化行业重点实验室	北京工业大学
3	大范围路网交通协同感知与联动控制关键技术及应用	国家科学技术进步奖二等奖	智能交通技术行业重点实验室	交通运输部公路科学研究院
			城市公共交通智能化行业重点实验室	北京工业大学
4	水力式升船机关键技术及应用	国家科学技术进步奖二等奖	通航建筑物技术行业重点实验室	南京水利科学研究院
5	土木工程结构区域分布光纤传感与健康监测关键技术	国家技术发明奖二等奖	长大桥梁健康检测与诊断养护技术行业重点实验室	苏交科集团股份有限公司
6	寒区抗冰防滑功能型沥青路面应用技术与原位检测装置	国家技术发明奖二等奖	交通安全特种材料与智能化控制技术行业重点实验室	哈尔滨工业大学

获国家级奖励成果之一：重载水泥混凝土铺面关键技术研究

获奖奖励名称及等级：国家科学技术进步奖二等奖

成果简介：

1. 解决的问题

攻克了重载作用下水泥混凝土铺面早期断裂易发、抗滑衰减变快、舒适性能降低、维修难以实施等世界级难题，减少重载水泥混凝土路面早期损坏，形成了具有自主知识产权的耐久性路面典型结构和材料成套技术，极大地提高了我国道路耐久性水平，达到国际先进水平，在一些领域达到国际领先水平。

2. 取得的主要成果及创新点

实验室针对重载水泥混凝土铺面耐久性路面典型结构和材料成套技术进行研究，实现了重载混凝土铺面工程的有据可依、有材可用和有法可修，完整构建了涵盖设计、施工、试验、养护和验收的重载混凝土铺面标准体系，在重载水泥混凝土铺面设计理论、高品质建造技术等方面取得突破和创新。

3. 成果应用情况及取得的效益

成果获国家发明专利16项、美国发明专利1项；出版专著9部；被SCI/EI检索论文49篇；被交通运输部鉴定为"总体国际领先水平"。获省部级一等奖7项。成果已成功应用于北京新机场（图5）、浦东机场、海南洋浦港以及1 500多公里重载高速公路，近三年取得直接经济效益5.63亿元，对保障重载运输安全做出了重要贡献。成果在喀麦隆Kribi深水港、白俄罗斯、比利时等国家高速公路中应用，并得到国际混凝土铺面协会的肯定和推介，实现了专利和标准的海外输出，产生了重要的国际影响。

图5 重载水泥混凝土铺面关键技术在北京新机场跑道、停机位的应用

获国家级奖励成果之二：城市多模式公交网络协同设计关键技术及应用

获得奖励名称及等级：国家科学技术进步奖二等奖

成果简介：

1. 解决的问题

"公交都市"提出构建"轨道交通为骨干、常规公交为主体、其他方式为补充"的多模式公交系统，实现新时期城市交通转型发展。然而，长期以来，不同模式公交各自为政，缺乏有效协同，导致公交网络承载力不足、通行效率低、运行可靠性差，严重制约了城市公交系统的整体效能。

2. 取得的主要成果及创新点

针对不同模式公交网络耦合度差、整体承载力不足等问题，发明了基于全过程出行链的多模式公交需求分析技术，创建了多模式公交网络供需平衡与协同设计技术体系（图6），破解了多模式公交全链式出行供需辨识与节点-通道-网络多层次要素递阶耦合技术瓶颈。针对大规模多模式公交网络量化分析、仿真优化等难题，发明了基于多路径增量加载的多模式公交网络客流快速分配等技术，研发了具有自主知识产权的交通仿真软件与系统平台，支撑大规模多模式公交网络的量化分析与优化。

针对多模式地面公交通行效率低问题，发明了干线多线路公交绿波协调控制等技术，研发了多模式地面公交绿波控制装备与协同控制平台。针对多模式公交协同服务缺失、系统可靠性差等问题，研发了多源异构公交信息实时融合与多模式公交客流引导优化技术，构建了跨部门、跨行业的多模式公交出行信息服务与智能管理系统平台。

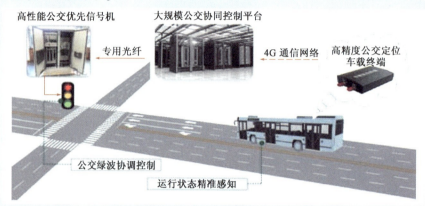

图6　城市多模式公交网络协同设计示意图

3. 成果应用情况及取得的效益

借助项目完成单位的行业影响力，成果已在63个城市、134个工程项目以及南京青年奥林匹克运动会等重大活动中得到推广应用，全面提升了应用城市公交系统的整体效能，为南京等"公交都市"示范城市的成功建设提供坚实技术支撑。

获国家级奖励成果之三：大范围路网交通协同感知与联动控制关键技术及应用

获得奖励名称及等级：国家科学技术进步奖二等奖

成果简介：

1. 解决的问题

交通控制是道路交通系统有序运行的根本保障。传统交通控制方法通过交叉口和路段固定传感器获取"小样本"交通流信息，采用经验模型对交通流进行控制，无法实现大范围路网的全局优化。随着车联网、大数据等技术的应用，路网交通协同感知与联动控制已成为现代交通管控的新手段。本项目通过对车路状态信息协同感知、交互和融合，利用大数据进行路网运行状态的精准辨识、评估和预测，突破了数据驱动的交叉口车辆优先通行控制、路段协同控制和路网控制与诱导联动等核心技术，研制出成套系统和装备，实现了城市大范围路网多层级协同联动优化控制。

2. 取得的主要成果及创新点

项目在"973"计划、"863"计划和国家科技支撑计划等的支持下，形成了具有完全自主知识产权的核心技术体系，主要技术创新包括：提出了车路状态信息协同感知与融合新方法。攻克了城市路网运行状态辨识与量化评估新技术。研发了大范围路网协同联动控制关键技术及系统装备。

3. 成果应用情况及取得的效益

项目创建了交通控制标准体系，授权发明专利35项，软件著作权15项，在国际权威期刊发表SCI论文32篇，出版学术专著5部。研究成果入选国家重点新产品2项，已在全国推广应用，成效显著。获教育部高等学校技术发明一等奖。

获国家级奖励成果之四：水力式升船机关键技术及应用

获得奖励名称及等级：国家科学技术进步奖二等奖

成果简介：

1. 解决的问题

升船机是高坝通航领域首选形式，传统升船机采用电力驱动机械提升的原理，存在船厢漏水情况下平衡体系被破坏而造成"飞车"的事故风险；河道水位快速、大幅变化，船厢对接困难；机电设备多，运行维护复杂，应用受较大限制。

2. 取得的主要成果及创新点

首次提出了水力式升船机原理，利用上下游水位差向竖井充泄水改变平衡重浮力驱动船厢升降，实现从电力驱动到水力驱动的全新转变；船厢重量变化时平衡重淹没水深自动调整，实现从机械强制平衡到水力自适应平衡的重大突破。建立以水力驱动系统提升同步为基础、机械系统主动纠偏及沿程导向锁定为保障、非恒定变速阀门调节为运行控制方法的水力式升船机理论构架。发明了以"等惯性+等阻力"输水系统为基础，融合竖井群连通、"T"形叉管、竖井/平衡重最优间隙、竖井环型消能工、锥形体平衡重最优底角等多种流量均衡和液面稳定新技术，解决了非线性、大流量、高流速条件下竖井群多点均衡出力难题，为船厢升降提供了同步平稳的动力输出。发明了微间隙大型封闭环形机械纠偏技术，均衡船厢纵向不均匀荷载。发明了小尺寸辅阀精准调节输水流量，实现船厢精确对接、大尺寸主阀分段开启提高运行速度的主辅阀协同控制技术，研发了稳压减振箱与阀前环向强迫掺气装置，实现了水力式升船机快速运行、船厢精确对接以及高水头工业阀门防空化振动的完美结合。

3. 成果应用情况及取得的效益

集成上述科学原理及核心技术，提出了水力式升船机设计、制造、施工、运行成套技术，建成了世界首座水力式升船机——澜沧江景洪水力式升船机。该水力式升船机节省了3 600kW大功率调速电机及8台减速箱，可在下游水位10m变幅及0.5m/h变率下实现船厢快速对接，并在船厢漏水量达280L/s时，升船机仍正常安全运行；建设成本和运行维护费用比两种传统升船机分别降低3%～14%和50%～67%。

获国家级奖励成果之五：土木工程结构区域分布光纤传感与健康监测关键技术

获得奖励名称及等级：国家技术发明奖二等奖

成果简介：

1. 解决的问题

我国各类基础设施体量大、病害多、寿命短，有效的结构健康监测技术是保障重大工程结构安全与长寿的重要手段之一。该项目通过结构区域分布光纤传感及光纤网络一体化监测原理、技术、装置等核心发明，建立开发了土木工程结构（群）健康监测与评估的理论体系及成套技术装备。

2. 取得的主要成果及创新点

该项目发明了结构区域分布光纤传感原理、技术与产品；发明了光纤传感网络一体化监测技术及高性能解调装置；发明建立了结构与结构群健康监测评估方法与技术。该项目技术突破了土木工程结构健康监测领域多项技术瓶颈，引领了健康监测领域整体技术发展和科技进步；与此同时，主编或参编国内外多本规范,大幅推动了先进光纤传感技术和健康监测技术的规范化进程。项目成果对土建交通等行业技术具有开拓性影响,为保障我国大规模城市基础设施的安全与经济有效的预防性养护管理提供了重要技术支撑。

3. 成果应用情况及取得的效益

该项目技术创新应用于苏通大桥、江苏大剧院、长江隧道、无锡地铁、美国高速公路桥、日本新干线铁路桥等50余处重要土建交通工程,建成包含11座特大桥梁在内的结构群协同监测中心(其中千米级桥梁6座),成功解决了大量实际工程难题,大幅减少结构管养费用和提高结构服役寿命,创造了显著的经济效益和社会效益。

获国家级奖励成果之六:寒区抗冰防滑功能型沥青路面应用技术与原位检测装置

获得奖励名称及等级:国家技术发明奖二等奖

成果简介:

1. 解决的问题

冰雪路面是我国寒区公路运营安全长期面临的"老大难"问题。路面积雪结冰导致运输效率与通行能力降低,重大交通事故频发,冰与路面界面紧密黏结是制约路面冰雪高效清除的关键,传统除冰雪技术无法攻克这一难题。国际上多以卤盐掺于路面表层,使其逐渐释放并融化冰雪,此类材料冰点高、释放期短、路用性能差,且缺乏路面抗冰防滑效果评价技术和装备,因此,必须探索新方法攻克冰雪路面运营安全这一世界难题。

2. 取得的主要成果及创新点

发明了宽温域缓释型低冰点填料。揭示多元醇/固固相变复合材料协同作用的宽温域冰点温度控制机理;发明以微纳有机/无机桥联偶联剂为壁材、以吸附多元醇/相变材料多孔介质为芯材的核-壳结构缓释型低冰点填料构型。填料冰点提升至 $-25°C$,路面抗冰周期>8年,攻克了低冰点填料"冰点温度高、释放周期短"的难题。发明了高性能抗冻抑冰沥青路面应用技术。发现低冰点成分释放的临界细观空隙尺寸,并建立基于温度微调控的沥青路面抗冻抑冰长效性控制技术;发明了兼顾路表功能与路用特性的多目标优化抗冻抑冰路面设计方法与制备技术。冰-路黏附力降低46%,路表摩擦力提升217%。发明了面向胎-冰-路体系的路表功能特性评价方法与装备。首创了基于胎-冰-路三相耦合的接触特征的冰冻路面摩擦特性测试装置,发明了融合疲劳损伤等效加速原理与浅层动力触探机制的沥青路面冰冻损伤一体化探测装置,实现了抗冻抑冰沥青路面功能特性的快速-原位-量化评价。

3. 成果应用情况及取得的效益

成果推广于我国15个省市70余项工程中,并服务于"一带一路"沿线国家;有效降低交通事故率37.5%及死亡率25.1%,为根本性解决冰冻路面运营安全提供新途径;获授权国家发明专利44项,软件著作权2项,发表论文169篇;编制我国首部"沥青路面自融冰涂层材料"等8部国家标准与行业规范。

3. 获得发明专利

2018年，52个行业重点实验室共获得国内授权发明专利1 121项（图7），一批高水平、实用的科技成果已在交通运输行业建设发展过程中发挥了显著的作用，解决了大量工程实践中的重大技术问题。

图7　2018年行业重点实验室获得国内授权发明专利情况

各专业领域行业重点实验室平均获得国内授权发明专利21.56项。其中，交通安全领域平均所获专利数量最高，每个实验室获专利授权38项，公路工程领域其次，每个实验室25项（图8）。

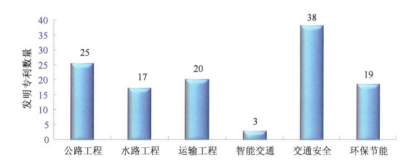

图8　2018年行业重点实验室平均获得国内授权发明专利情况

4. 参与制修订标准规范

2018年，行业重点实验室参与制修订国家、行业、地方标准规范共计352项，其中国家级50项，行业级226项，地方级76项。在参与地方标准制修订方面，公路工程领域占了绝大多数（表5）。

表5　行业重点实验室参与制修订国家、行业、地方标准规范情况

专业领域	纳入标准、规范数量（项）	其中：		
		国家标准	行业标准	地方标准
公路工程	139	8	66	65
水路工程	39	7	29	3
运输工程	20	15	5	0
智能交通	57	13	44	0
交通安全	84	6	70	8
环保节能	13	1	12	0
合计	352	50	226	76

各专业领域行业重点实验室平均参与制修订标准规范 6.77 项。其中,公路工程、智能交通、交通安全、环保节能 4 个领域平均参与制修订标准规范较多,分别为 7 项、7 项、11 项和 7 项。各专业领域行业重点实验室平均参与国家标准制修订较为平均;交通工程领域参与行业标准制修订最多,平均每个实验室参与 9 项(图 9)。

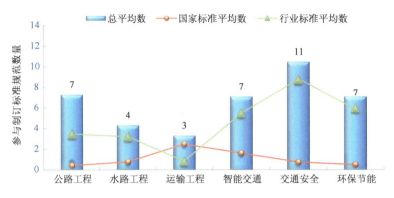

图 9　2018 年行业重点实验室平均参与制修订标准规范情况

5. 发表学术论文

2018 年,52 个行业重点实验室在国内外学术期刊和国内外学术会议上共发表学术论文 3 719 篇。国外刊物发表论文 993 篇,国内刊物发表论文 1 878 篇,国际会议发表论文 509 篇,国内会议发表论文 339 篇;被三大检索收录论文 2 077 篇,其中被 SCI 检索收录 814 篇,被 EI 检索收录论文 998 篇;被 ISTP 检索收录论文 265 篇(表 6)。

表 6　2018 年行业重点实验室学术论文发表情况

专业领域	期刊论文		会议论文		三大检索收录		
	国内期刊	国外期刊	国际会议	国内会议	SCI	EI	ISTP
公路工程	788	442	140	95	344	335	24
水路工程	238	57	84	27	59	71	29
运输工程	196	106	36	30	125	148	10
智能交通	112	132	44	17	83	83	29
交通安全	523	244	192	165	200	351	172
环保节能	21	12	13	5	3	10	1
合计	1 878	993	509	339	814	998	265

各专业领域行业重点实验室平均发表学术论文 72 篇,被三大检索收录的平均数为 40 篇。其中,交通安全领域平均发表数和被三大检索收录数最高,分别为 141 篇和 90 篇(图 10)。

(三)人才结构与荣誉

截至 2018 年底,52 个行业重点实验室固定研究人员共计 2 237 人。其中 60 岁及以上 54 人,45~59 岁 707 人,30~44 岁 1 361 人,29 岁及以下 179 人(图 11);院士 9 人,享受国务院津贴 117 人,百千万人才工程 39 人,交通青年科技英才 105 人,全国工程勘察设计大师 5 人,交通运输部十百千人才工程 41 人(图 12)。

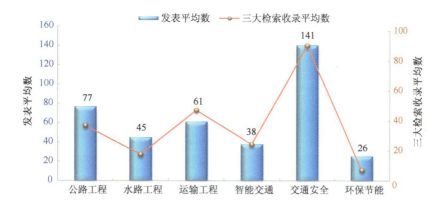

图10 2018年行业重点实验室平均发布学术论文情况

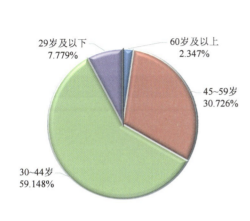

图11 实验室固定人员年龄结构

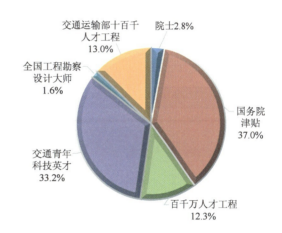

图12 实验室固定人员荣誉构成

（四）基础条件

2018年，行业重点实验室科研基本建设投资共计9.55亿元。截至2018年底，行业重点实验室科研用房建筑面积共计52.45万 m²，仪器设备总数2.67万台套，十万元及以上设备数量3 595台套，仪器设备总值29.57亿元，十万元及以上设备总值19.41亿元（表7）。

表7 行业重点实验室固定资产状况

专业领域	2018年科研基本建设投资（万元）	科研用房建筑面积（m²）	仪器设备总数（台套）	十万元及以上设备数量（台套）	仪器设备总值（万元）	十万元及以上设备总值（万元）
公路工程	25 479	169 580	8 316	1 183	112 651	73 229
水路工程	38 256	237 984	4 812	760	49 799	39 789
运输工程	8 653	40 775	5 552	388	32 718	23 057
智能交通	6 260	11 738	2 956	345	20 440	14 393
交通安全	16 357	60 028	4 531	752	69 150	37 083
环保节能	480	4 400	465	167	10 960	6 593
合计	95 485	524 505	26 632	3 595	295 718	194 144

（五）开放交流

2018 年，行业重点实验室共承办学术会议 206 次，其中国际会议 57 次，国内会议 149 次。开展各类交流 3 239 人次，其中参加国际会议 1 278 人次；邀请国外专家讲学 378 人次，国内专家 727 人次；赴国外讲学 158 人次，国内讲学 698 人次（表 8）。

表 8　2018 年行业重点实验室开放交流情况

专业领域	承办学术会议（次）		参加国际会议（人次）	邀请专家讲学（人次）		赴外讲学（人次）	
	国际	国内		国外专家	国内专家	国外	国内
公路工程	20	58	532	143	262	53	211
水路工程	8	14	233	43	111	39	273
运输工程	11	17	70	20	46	5	36
智能交通	8	20	154	45	91	22	52
交通安全	8	35	266	125	210	33	106
环保节能	2	5	23	2	7	6	20
合计	57	149	1 278	378	727	158	698

二、行业研发中心

（一）总体布局

截至 2018 年底，行业研发中心已认定 48 个（表 9），覆盖了公路工程、运输工程、智能交通、交通安全和环保节能 5 个专业技术领域（图 13）。

表 9　行业研发中心名单

序号	行业研发中心名称	依托单位
一、公路工程领域		
1	公路桥梁诊治技术行业研发中心	辽宁省交通规划设计院有限公司
2	公路桥梁安全检测与加固技术行业研发中心	河南省交通科学技术研究院有限公司
3	高等级公路建设与养护技术、材料及装备行业研发中心	广西交通科学研究院有限公司
4	长大桥梁建设技术及装备行业研发中心	江西省交通工程质量检测中心
5	公路建设与养护技术、材料及装备行业研发中心	四川省交通运输厅公路规划勘察设计研究院
6	公路建设与养护技术、材料及装备行业研发中心	河南省交通规划设计研究院股份有限公司
7	公路建设与养护技术、材料及装备行业研发中心	河北省交通规划设计院
8	公路建设与养护技术、材料及装备行业研发中心	甘肃路桥建设集团有限公司
9	公路建设与养护技术、材料及装备行业研发中心	中国公路工程咨询集团有限公司
10	公路建设与养护技术、材料及装备行业研发中心	湖北省交通投资集团有限公司
11	公路建设与养护技术、材料及装备行业研发中心	徐工集团工程机械股份有限公司
二、运输工程领域		
12	长江航运技术行业研发中心	交通运输部长江航务管理局
13	交通基础设施智能制造技术行业研发中心	中交第二航务工程局有限公司

续上表

序号	行业研发中心名称	依 托 单 位
14	交通基础设施智能制造技术行业研发中心	中路高科交通科技集团有限公司
15	交通基础设施智能制造技术行业研发中心	深圳市市政设计研究院有限公司
16	交通基础设施智能制造技术行业研发中心	安徽省交通控股集团有限公司
17	现代物流技术及装备行业研发中心	中车长江车辆有限公司
三、智能交通领域		
18	智能交通技术与设备行业研发中心	北京千方科技集团有限公司
19	智能交通技术和设备行业研发中心	中设设计集团股份有限公司
20	物联网技术应用行业研发中心	浙江电子口岸有限公司
21	综合交通运输大数据处理及应用技术行业研发中心	中路高科交通科技集团有限公司
22	综合交通运输大数据处理及应用技术行业研发中心	北京国交信通科技发展有限公司
23	综合交通运输大数据处理及应用技术行业研发中心	中交信捷科技有限公司
24	综合交通运输大数据处理及应用技术行业研发中心	苏交科集团股份有限公司
25	综合交通运输大数据处理及应用技术行业研发中心	北京易华录信息技术股份有限公司
26	智能车路协同关键技术及装备行业研发中心	深圳市金溢科技股份有限公司
27	建筑信息模型（BIM）技术应用行业研发中心	中路高科交通科技集团有限公司
28	建筑信息模型（BIM）技术应用行业研发中心	四川省交通运输厅交通勘察设计研究院
29	建筑信息模型（BIM）技术应用行业研发中心	中国交通建设股份有限公司
30	建筑信息模型（BIM）技术应用行业研发中心	深圳高速工程顾问有限公司
31	建筑信息模型（BIM）技术应用行业研发中心	云南省交通规划设计研究院
四、交通安全领域		
32	公路交通安全与应急保障技术及装备行业研发中心	广东省交通集团有限公司
33	山地交通安全与应急保障技术行业研发中心	贵州省交通规划勘察设计研究院股份有限公司
34	交通运输安全应急信息保障技术及设备行业研发中心	湖南省交通科学研究院
35	交通安全与应急保障技术行业研发中心	中交第一公路勘察设计研究院有限公司
36	空间信息应用与防灾减灾技术行业研发中心	中国公路工程咨询集团有限公司
37	交通运输网络安全技术行业研发中心	交通运输信息安全中心有限公司
38	交通运输网络安全技术行业研发中心	北京中交国通智能交通系统技术有限公司
39	交通运输网络安全技术行业研发中心	中国交通信息中心有限公司
40	交通运输网络安全技术行业研发中心	北京梆梆安全科技有限公司
41	应急救助与抢险打捞行业研发中心	交通运输部上海打捞局
42	城市轨道交通运营安全管理技术及装备行业研发中心	郑州捷安高科股份有限公司
43	城市轨道交通运营安全管理技术及装备行业研发中心	交科院科技集团有限公司
五、节能环保领域		
44	公路交通节能与环保技术及装备行业研发中心	北京市政路桥建材集团有限公司
45	公路交通节能与环保技术及装备行业研发中心	安徽省交通规划设计研究总院股份有限公司
46	公路交通节能与环保技术及装备行业研发中心	山东高速集团有限公司
47	公路交通节能与环保技术及装备行业研发中心	湖北国创高新材料股份有限公司
48	船舶与港口节能减排、污染防治技术及装备行业研发中心	上海国际港务（集团）股份有限公司

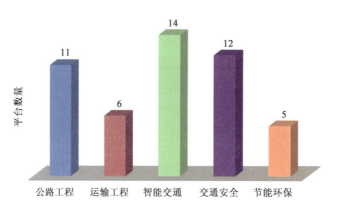

图 13　现有行业研发中心领域分布

（二）科研水平

1. 承担科研任务

2018 年，行业研发中心共主持承担各类科研项目 939 项。其中，国家级课题 53 项，占 5.6%；国际合作项目 12 项，占 1.3%；省部级项目 198 项，占 21.1%；厅级项目 311 项，占 33.1%；横向课题 223 项，占 23.7%；开放课题 142 项，占 15.1%（表 10）。

表 10　2018 年行业研发中心承担各类科研项目情况

专业领域	国家级	国际合作	省部级	厅级	横向委托	开放课题	合计
公路工程	25	0	24	36	46	61	192
运输工程	2	0	38	94	38	27	199
智能交通	14	4	45	94	44	45	246
交通安全	7	8	76	78	68	3	240
环保节能	5	0	15	9	27	6	62
合计	53	12	198	311	223	142	939

2. 获得科技奖励

2018 年，行业研发中心共获各级各类奖项 233 项。其中，获国家技术发明奖 1 项（智能交通领域获国家技术发明奖 1 项），获省部级科学技术进步奖 116 项，其他科学技术奖 116 项，获省部级以上奖项占获奖总数的 50.2%（表 11）。

表 11　2018 年行业研发中心获奖情况

专业领域	国家级科技奖	省部级科学技术进步奖	其他奖	合计
运输工程	0	21	51	72
公路工程	0	18	29	47
智能交通	1	11	20	32
交通安全	0	46	11	57
环保节能	0	20	5	25
合计	1	116	116	233

平均每个行业研发中心获各级各类奖项 5 项。其中，运输工程领域获奖平均数为 12 项，获省部级以上科学技术进步奖 3.5 项，在行业科技进步中处于领头羊地位；公路工程领域获奖平均数为 4.3 项，获省部级以上科学技术进步奖 1.6 项；交通安全领域获奖平均数为 4.9 项，获省部级以上科学技术进步奖 3.8 项；节能环保领域获奖平均数为 5.0 项，获省部级以上科学技术进步奖 4.0 项（图 14）。

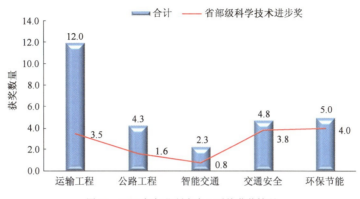

图 14　2018 年行业研发中心平均获奖情况

3. 获得发明专利

2018 年，48 个行业研发中心共获得国内授权发明专利 696 项，一批高水平、实用的科技成果已在交通运输行业建设发展过程中发挥了显著的作用，解决了大量工程实践中的重大技术问题（图 15）。

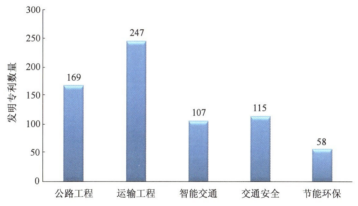

图 15　2018 年行业研发中心获得国内授权发明专利情况

各专业领域行业研发中心平均获得国内授权发明专利 21.56 项。其中，交通安全领域平均所获专利数量最高，每个实验室获专利授权 38 项，公路工程领域其次，每个实验室 25 项（图 16）。

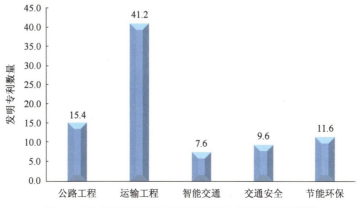

图 16　2018 年行业研发中心平均获得国内授权发明专利情况

4. 参与制修订标准规范

2018年，行业研发中心参与制修订国家、行业、地方标准规范共计211项，其中国家级23项，行业级68项，地方级120项。在参与地方标准制修订方面，公路工程、智能交通领域占了绝大多数（表12）。

表12　2018年参与制修订国家、行业、地方标准规范情况

专 业 领 域	纳入标准、规范数量（项）	其中：		
		国家标准	行业标准	地方标准
运输工程	42	6	21	15
公路工程	55	1	17	37
智能交通	57	2	15	40
交通安全	34	7	11	16
环保节能	23	7	4	12
合计	211	23	68	120

各专业领域行业研发中心平均参与制修订标准规范4项。其中，运输工程领域参与行业标准制修订最多，平均每个研发中心参与7项（图17）。

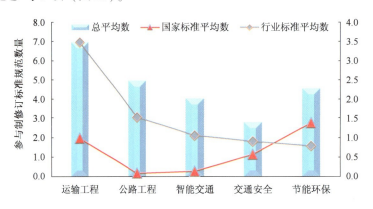

图17　2018年行业研发中心平均参与制修订标准规范情况

5. 发表学术论文

2018年，48个行业研发中心在国内外学术期刊和国内外学术会议上共发表学术论文934篇。国外刊物发表论文90篇，国内刊物发表论文664篇，国际会议发表论文54篇，国内会议发表论文126篇；被三大检索收录论文202篇，其中被SCI检索收录81篇，被EI检索收录论文111篇，被ISTP检索收录论文10篇（表13）。

表13　2018年行业研发中心学术论文发表情况

专业领域	期 刊 论 文		会 议 论 文		三大检索收录		
	国内期刊	国外期刊	国际会议	国内会议	SCI	EI	ISTP
运输工程	251	51	18	15	47	46	3
公路工程	148	16	3	19	9	19	3

续上表

专业领域	期刊论文		会议论文		三大检索收录		
	国内期刊	国外期刊	国际会议	国内会议	SCI	EI	ISTP
智能交通	72	6	16	79	5	11	3
交通安全	130	15	17	12	20	35	1
环保节能	63	2	0	1	0	0	0
合计	664	90	54	126	81	111	10

各专业领域行业研发中心平均发表学术论文23.6篇，被三大检索收录的平均数为4篇。其中，运输工程领域平均发表数和被三大检索收录数最高，分别为72篇和16篇（图18）。

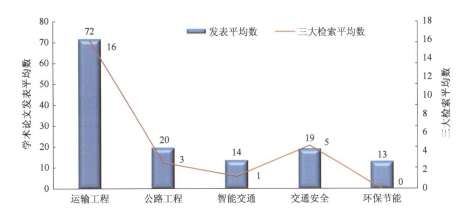

图18　2018年行业研发中心平均发布学术论文情况

（三）人才结构与荣誉

截至2018年底，48个行业研发中心固定研究人员共计7 221人。其中60岁及以上47人，45～59岁1 040人，30～44岁3 815人，29岁及以下2 319人（图19）；院士8人，享受国务院津贴62人，百千万人才工程19人，交通青年科技英才29人，全国工程勘察设计大师6人，交通运输部十百千人才工程21人（图20）。

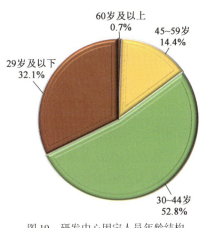

图19　研发中心固定人员年龄结构

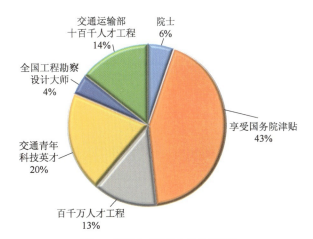

图20　研发中心固定人员荣誉构成

（四）基础条件

2018 年，行业研发中心科研基本建设投资共计 15.5 亿元。截至 2018 年底，行业研发中心科研用房建筑面积共计 27.39 万 m^2，仪器设备总数 21.2 万台套，十万元及以上设备数量 1 769 台套，仪器设备总值 11.99 亿元，十万元及以上设备总值 7.26 亿元（表 14）。

表 14 行业研发中心固定资产状况

专业领域	2018 年科研基本建设投资（万元）	科研用房建筑面积（m^2）	仪器设备总数（台套）	十万元及以上设备数量（台套）	仪器设备总值（万元）	十万元及以上设备总值（万元）
运输工程	5 609.8	17 156.74	972	117	9 454.05	6 669.03
公路工程	28 704.633 3	16 579.7	1 540	167	17 267.908	9 438.44
智能交通	24 674.43	43 108.59	2 378	507	22 808.604	12 840.31
交通安全	92 690.083 3	168 678.3	206 820	890	64 092.684	40 200.51
环保节能	3 371	28 402	701	88	6 272.36	3 534.54
合计	155 050	273 925	212 411	1 769	119 896	72 683

（五）开放交流

2018 年，行业研发中心共承办学术会议 116 次，其中国际会议 8 次，国内会议 108 次。开展各类交流 1 942 人次，其中参加国际会议 862 人次；邀请国外专家讲学 75 人次，国内专家 630 人次；赴国外讲学 48 人次，国内讲学 327 人次（表 15）。

表 15 2018 年行业研发中心开放交流情况

专业领域	承办学术会议（次）		参加国际会议（人次）	邀请专家讲学（人次）		赴外讲学（人次）	
	国际	国内		国外专家	国内专家	国外	国内
公路工程	1	17	390	6	85	13	34
运输工程	1	10	72	8	69	8	41
智能交通	5	31	297	40	214	14	134
交通安全	1	47	71	8	171	13	102
环保节能	0	3	32	13	91	0	16
合计	8	108	862	75	630	48	327

（六）成果转化

行业研发中心是行业科技创新体系的重要组成部分，是开展共性关键技术和工程化技术研究，推动应用示范、成果转化及产业化的重要基地。从 2018 年对智能交通技术和设备行业研发中心（中设设计集团股份有限公司）等 8 家行业研发中心的评估来看，研发新产品销售收入占主营业务收入的比重平均为 23.2%；研发新产品销售利润占利润总额的比重平均为 25.7%；以研发中心为主导的产品业务带来的利润率平均为 7.3%。行业研发中心与相关企业或机构积极合作开展技术研发、成果转化，并依据《中华人民共和国促进科技成果转化法》《交通运输部促进科技成果转化暂行办法》相关政策，推动转化激励等有关工作，以行业研发中心为载体，加快科技成果转化。

三、国家级重点科研平台

（一）总体布局

截至 2018 年底，国家级重点科研平台已认定 18 个，包括国家发改委认定的 9 个国家工程实验室、3 个国家工程研究中心，以及科技部认定的 3 个国家重点实验室、3 个国家工程技术研究中心（表 16）。

表 16 国家级重点科研平台名单

序号	国家重点科研平台名称	依托单位
一、国家工程实验室（国家发改委）		
1	桥梁结构安全技术国家工程实验室	交通运输部公路科学研究所
2	交通安全应急信息技术国家工程实验室	中国交通通信信息中心
3	港口水工建筑技术国家工程实验室	交通运输部天津水运工程科学研究院
4	公路养护装备国家工程实验室	河南省高远公路养护技术有限公司
5	公路养护技术国家工程实验室	长沙理工大学
6	新型道路材料国家工程实验室	苏交科集团股份有限公司
7	陆地交通气象灾害防治技术国家工程实验室	云南省交通规划设计研究院有限公司
8	陆地交通地质灾害防治技术国家工程实验室	西南交通大学
9	公路隧道建设技术国家工程实验室	招商局重庆交通科研设计院有限公司
二、国家工程研究中心（国家发改委）		
1	公路养护技术国家工程研究中心	交通运输部公路科学研究院
2	公路长大桥建设国家工程研究中心	中交公路规划设计院有限公司
3	疏浚技术装备国家工程研究中心	中交上海航道局有限公司
三、国家重点实验室（科技部）		
1	桥梁工程结构动力学国家重点实验室	招商局重庆交通科研设计院有限公司
2	在役长大桥梁安全与健康国家重点实验室	苏交科集团股份有限公司
3	航运技术与安全国家重点实验室	上海船舶运输科学研究所
四、国家工程技术研究中心（科技部）		
1	智能交通系统国家工程技术研究中心	交通运输部公路科学研究院
2	山区公路国家工程技术研究中心	招商局重庆交通科研设计院有限公司
3	内河航道整治国家工程技术研究中心	重庆交通大学

（二）科研水平

1. 承担科研任务

2018 年，国家重点科研平台共主持承担各类科研项目 1 501 项。其中，国家级课题 139 项，占 9%；国际合作课题 11 项，占 1%；省部级项目 292 项，占 19%；横向课题 909 项，占 61%；开放课题 67 项，占 4%（表 17）。

表17　2018年国家级重点科研平台承担各类科研项目情况

类　　型	国家级	国际合作	省部级	厅级	横向委托	开放课题	合计
国家工程实验室	98	9	133	49	353	32	674
国家工程研究中心	5	1	24	0	17	9	56
国家重点实验室	24	1	60	10	189	11	295
国家工程技术研究中心	12	0	75	24	350	15	476
合计	139	11	292	83	909	67	1 501

4类国家级平台平均主持承担各类科研项目83项。其中，国家发改委认定的国家工程研究中心承担的科研项目相对较少，在国家级课题及横向委托课题两方面都处于最低（图21）。

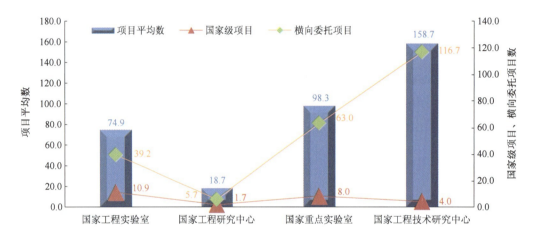

图21　2018年国家级科研平台平均承担科研项目情况

2. 获得科技奖励

2018年，国家重点科研平台共获各级各类奖项147项。其中，获国家科学技术进步奖二等奖3项，获省部级科学技术进步奖100项，其他科学技术奖44项，获省部级以上奖项占获奖总数的68%（表18、表19）。

表18　2018年国家级重点科研平台获奖情况

类　　型	国　家　级	省　部　级	其　他　奖	合　　计
国家工程实验室	1	52	7	60
国家工程研究中心	0	9	4	13
国家重点实验室	0	19	10	29
国家工程技术研究中心	2	20	23	45
合计	3	100	44	147

表19　2018年国家重点科研平台获得国家级奖项一览表

序号	成果名称	奖项及等级	所在国家重点科研平台	依托单位
1	城市多模式公交网络协同设计与智能服务关键技术及应用	国家科学技术进步奖二等奖	智能交通系统国家工程技术研究中心	交通运输部公路科学研究院
2	大范围路网交通协同感知与联动控制关键技术及应用	国家科学技术进步奖二等奖	智能交通系统国家工程技术研究中心	交通运输部公路科学研究院

续上表

序号	成 果 名 称	奖项及等级	所在国家重点科研平台	依 托 单 位
3	大跨度缆索承重桥梁抗风关键技术与工程应用	国家科学技术进步奖二等奖	陆地交通地址灾害防治技术国家工程实验室	西南交通大学

3. 获得发明专利

2018年，国家重点科研平台共获得国内授权发明专利585项，评价授权发明专利32.5项，仅国家工程实验室和国家工程技术研究中心两者达到平均水平以上（图22）。

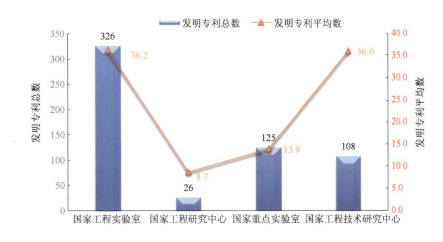

图22　2018年国家级重点科研平台获得国内授权发明专利情况

4. 参与制修订标准规范

2018年，国家重点科研平台参与制修订国家、行业、地方标准规范共计156项，其中国家级22项，行业级101项，地方级33项（表20）。

表20　2018年国家级重点科研平台参与制修订国家、行业、地方标准规范

专业领域	纳入标准、规范数量（项）	其中：		
		国家标准	行业标准	地方标准
国家工程实验室	39	7	23	9
国家工程研究中心	21	4	10	7
国家重点实验室	31	5	14	12
国家工程技术研究中心	65	6	54	5
合计	156	22	101	33

5. 发表学术论文

2018年，18个国家重点科研平台在国内外学术期刊和国内外学术会议上共发表学术论文2 195篇。国外刊物发表论文378篇，国内刊物发表论文984篇，国际会议发表论文118篇，国内会议发表论文60篇；被三大检索收录论文655篇，其中被SCI检索收录293篇，被EI检索收录论文271篇；被ISTP检索收录论文91篇（表21）。

表21 2018年国家级重点科研平台学术论文发表情况

专业领域	期刊论文		会议论文		三大检索收录		
	国内期刊	国外期刊	国际会议	国内会议	SCI	EI	ISTP
国家工程实验室	304	175	30	8	155	90	78
国家工程研究中心	37	0	4	4	0	3	0
国家重点实验室	278	127	25	45	87	100	5
国家工程技术研究中心	365	76	59	3	51	78	8
合计	984	378	118	60	293	271	91

国家级重点实验室平均发表学术论文61篇，被三大检索收录的平均数为18.2篇，期刊论文的平均数为37.8篇。其中，国家工程研究中心在学术论文方面较低，平均发表学术论文5.3篇，远远低于平均水平（图23）。

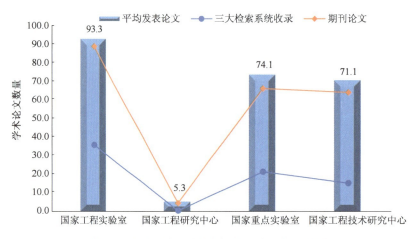

图23 2018年国家级科研平台平均发布学术论文情况

（三）人才结构与荣誉

截至2018年底，国家级重点科研平台固定研究人员共计1 959人。其中60岁及以上38人，45~59岁416人，30~44岁1 107人，29岁及以下398人（图24）；院士6人，享受国务院津贴68人，百千万人才工程14人，交通青年科技英才41人，全国工程勘察设计大师7人，交通运输部十百千人才工程15人（图25）。

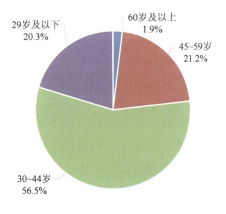

图24 固定人员年龄构成

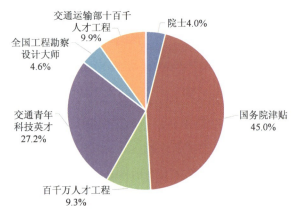

图25 固定人员荣誉结构

（四）基础条件

2018年，国家重点科研平台科研基本建设投资共计19 037万元。截至2018年底，国家重点科研平台科研用房建筑面积共计约14万m^2，仪器设备总数6 241台套，十万元及以上设备数量827台套，仪器设备总值7.3亿元，十万元及以上设备总值6.09亿元（表22）。

表22 国家级重点科研平台固定资产状况

专业领域	2018年科研基本建设投资（万元）	科研用房建筑面积（m^2）	仪器设备总数（台套）	十万元及以上设备数量（台套）	仪器设备总值（万元）	十万元及以上设备总值（万元）
国家工程实验室	6 008	38 691	1 152	383	39 009	35 760
国家工程研究中心	1 196	488	148	33	2 451	2 296
国家重点实验室	8 917	36 957	861	133	18 059	14 495
国家工程技术研究中心	2 915	64 000	4 080	278	13 652	8 363
合计	19 037	140 135	6 241	827	73 171	60 913

（五）开放交流

2018年，国家重点科研平台共承办学术会议61次，其中国际会议6次，国内会议15次。开展各类交流1 118人次，其中参加国际会议459人次；邀请国外专家讲学80人次，国内专家276人次；赴国外讲学45人次，国内讲学258人次（表23）。

表23 2018年国家重点科研平台开放交流情况

专业领域	承办学术会议（次）		参加国际会议（人次）	邀请专家讲学（人次）		赴外讲学（人次）	
	国际	国内		国外专家	国内专家	国外	国内
国家工程实验室	6	13	219	29	119	23	89
国家工程研究中心	2	6	45	7	5	8	5
国家重点实验室	6	7	100	16	27	4	32
国家工程技术研究中心	6	15	95	28	125	10	132
合计	20	41	459	80	276	45	258

四、行业协同创新平台

（一）建设背景

为深入贯彻党的十八大和十八届三中全会精神，积极响应国家技术创新工程关于形成和完善以企业为主体、市场为导向、产学研相结合的技术创新体系，推动产业技术创新战略联盟构建和发展的有关要求，2013年10月，交通运输部发布《交通运输行业协同创新平台管理办法（暂行）》。

交通运输行业协同创新平台是交通运输部在交通运输转型发展时期，按照"行业急需、世界一流"的总体要求，以加快"四个交通"发展为目标导向，以建立产学研结合的新型科学技术创新组织为主要方式，以着力突破制约行业发展的重大科学问题和关键技术问题为研究重点，通过企业、高等院校、科研院所的深度合作，促进创新资源的有效分工与合理衔接，突破核心技术，实施技术转移，加速科技成果的转化应用，推动交通运输行业转型升级。平台主要包括以企业为主体的协同创新平台和以高校为主体的协同创新平台。

2014年以来，交通运输部按照"成熟一个、认定一个"的原则，成功认定了19个交通运输行业协同创新平台，包括10个以企业为主体的协同创新平台和9个以高校为主体的协同创新平台。对于经交通运输部认定的平台，将营造有利的政策环境，发挥协调引导作用，在科技项目支持、人才队伍培养、科研平台建设等方面采取多种措施，支持平台发展。同时，支持平台开展体制机制创新，积极探索科学适用的管理模式和运行机制，为加快建立产学研相结合的科技创新体系探索新路、积累经验。

（二）平台介绍

1. 以企业为主体的协同创新平台

（1）长大桥梁建养一体化协同创新平台

牵头单位：中交公路长大桥建设国家工程研究中心有限公司

基本情况：由中交公路长大桥建设国家工程研究中心有限公司牵头，整合10家国家和行业骨干企业、7所知名高等院校，组建了联合开发、优势互补的"长大桥梁建养一体化协同创新平台"。该平台成员包括国内公路长大桥梁设计龙头企业公规院，长大桥梁施工龙头企业中交一航局、中交二航局和中交二公局，世界一流特种桥梁装备制造商上海振华重工，国内领先桥梁材料研发生产企业重庆万桥、江苏建科院、法尔胜，国内桥梁监测检测养护创新企业中交路桥技术有限公司以及国家"985工程"重点建设高校多所。

平台采用理事会模式组建，设专家委员会、秘书处和技术研发团队，理事会是最高决策机构。平台建立了高效决策、专家咨询、执行有力、开放发展的体制机制，构建了配置合理、分配公平的研发体系。

平台以长大桥梁建养产业发展需求为基础，针对长大桥梁建养领域中重大问题和技术瓶颈，对长大桥梁结构体系、关键结构、设计方法及分析软件、高性能材料研发及应用、长大桥梁施工技术及装备、长大桥梁安全监测检测与养护技术及装备、长大桥梁建养一体化信息管理平台共5个研究方向进行攻关，以国内外重大工程为载体，进一步加强核心共性技术创新，并对创新成果通过设计、材料、装备、软件等方式进行产业化。

（2）长大隧道建设与养护技术协同创新平台

牵头单位：招商局重庆交通科研设计院有限公司

基本情况："长大隧道建设与养护技术协同创新平台"以招商局重庆交通科研设计院有限公司为牵头单位，联合9家企业、4家科研院所、2家高校共同组建。这些单位集我国公路隧道"建、管、养、运"各领域于一体，是行业技术瓶颈、发展需求和产业应用等方面的直接利益攸关方。鉴此，该平台将以企业发展需求和各方共同利益为基础，以提升产业技术创新能力为目标，以合作协议书、理事会章程等为保障，形成联合开发、优势互补、利益共享、风险共担的产学研协同创新组织。

该平台针对长大隧道建设与养护方面的科学技术问题，围绕"四个交通"开展密切合作，通过创新资源的有效分工与合理衔接，突破核心技术，实施技术转移，加速科技成果的转化应用。近期，该平台拟集中在公路隧道防灾减灾成套技术（平安交通方向）、公路隧道智能化养护和运营管理技术（智慧交通方向）、公路隧道节能技术（绿色交通方向）和公路隧道环保关键技术（绿色交通方向）等方面，开展科技攻关与产业化工作。最终，通过科技攻关、科研合作、成果转化和产业创新等形式，搭建长大隧道建养领域研究成果工程化和产业化的有效渠道，促进创新驱动的产业发展，建立以突破长大隧道工程技术瓶颈为核心的开放式行业公共技术支撑和成果转化综合平台。

（3）先进道路养护材料协同创新平台

牵头单位：江苏省交通科学研究院股份有限公司

基本情况："先进道路养护材料协同创新平台"是由江苏省交通科学研究院股份有限公司牵头，并联合东南大学、长沙理工大学、中国石油大学（华东）、河南省高远公路养护技术有限公司、江苏交通控股有限公司等17家行业优势单位协同组建。

平台覆盖养护材料"产、学、研、用"等完整的纵向产业链，有效地凝聚国内道路养护材料领域的科技资源，面向"四个交通"战略目标，围绕道路养护材料关键技术问题，重点攻坚包括高性能道路养护材料与技术、环保节约型道路养护材料与技术、安全保障型道路养护材料与技术、路用性能评价与养护决策技术等四方面的关键科技问题。未来4年内，平台将着力研发10项左右国内急需的新型道路养护材料，完成5~6项产品中试和转化，培养硕博研究生10名以上，培养2~3名在国际上有影响力的学术带头人，最终实现我国道路养护材料核心技术的自主研发和产业化，形成交通行业高端人才培养、持续创新研发的标志性协同创新平台。

平台运行理事会领导下的秘书处负责制，根据研发方向下设若干研发组，设立学术委员会为平台的咨询机构，同时设立行政部、财务部为平台的综合管理部门。平台在运行中实施"产业导向、自主创新、成果共享、利益保障、开放发展"的运行机制。

（4）公路网智能养护技术及系统协同创新平台

牵头单位：公路养护技术国家工程研究中心

基本情况："公路网智能养护技术及系统协同创新平台"通过建立"统筹规划、强强联合、合理分工、共同攻坚"的协同创新机制，形成了完整的产学研用产业链。

平台将围绕公路养护发展主题，以国家和行业需求为导向，瞄准国际前沿技术，针对加快推进"四个交通"发展战略需求，充分利用现代信息技术，研发构建从公路网智能检测与监测、公路网病害智能诊断与方案智能决策，到公路网智能养护修复一体化的公路智能养护技术体系。重点开展高速公路智能检测技术及装备、农村公路智能检评技术及装备、区域公路网陆上智能巡查技术及装备、区域公路网空中智能巡查技术及装备、全国公路网资产管理技术及系统、区域公路网快速智能养护技术及系统、公路养护修复关键材料及制作装备、公路养护修复关键技术及智能装备等三大系列八大技术产品的工程化研发验证及产业化示范。在此基础上形成可供实际运用推广的系列产品，满足不同层级公路管理机构的日常养护管理与资产应急处置需要，不断提升公路资产管理及公路网服务保障能力。

今后，平台将进一步完善产学研协同创新体制机制，强化共性技术攻关，促进成果转化应用，努力为全面提升交通运输行业科技创新能力，实现创新驱动"四个交通"加快发展作出新贡献。

(5) 公路绿色、智能养护技术协同创新平台

牵头单位：中交第一公路勘察设计研究院有限公司

基本情况："公路绿色、智能养护技术协同创新平台"由13家理事单位组成，其中，研究企业5家、高等院校3所、其他企业5家。其目标与宗旨是提高资源利用率、提升公路服务水平、形成产业技术创新链、探索推行长周期（10~15年）综合养护总承包管理模式。

该平台通过建立协同创新机制，产生良好的行业示范效应，带动养护产业发展；通过重大项目、合作攻关和成果应用转化，培养并集聚协同创新人才，建立一流的人才团队；围绕我国在公路检测与加固技术、养护材料、工艺与设备等方面的需求，持续开展核心共性技术研究，实施技术转移，加速科技成果转化应用；积聚行业优势资源，形成养护产业技术创新链。

该平台短期以核心共性技术研究为主、探索并推行长周期（15~20年）综合养护总承包模式；中期以实施技术转移、研究成果产业化为主；长期将以技术成果推广为主，引领公路资产管理走向标准化。该平台以绿色、智能为技术理念，开发基于路域资源循环再生利用的公路养护新材料与新装备，研发公路全生命周期的智能养护技术与检测监测装备。研究方向包括复杂恶劣气象灾害环境下公路安全智能保障技术、路面可持续养护材料与技术、桥梁智能养护技术、隧道智能养护技术、公路养护大数据库建设与应用。

(6) 重交通公路养护材料协同创新平台

牵头单位：山西省交通科学研究院

基本情况："重交通公路养护材料协同创新平台"牵头单位为山西省交通科学研究院，成员单位包括中国科学院山西煤炭化学研究所、中国日用化学工业研究院、华中科技大学、武汉理工大学、上海龙孚材料技术有限公司等14家国内知名科研院所、高校及企业。

平台是以"黄土地区公路建设与养护技术交通行业重点实验室""山西省新型道路材料工程实验室"和"煤转化国家重点实验室"等10个国家及省部级重点实验室为依托，以企业发展为基础，以提升行业技术创新能力为目标，以公路养护市场为导向，整合优势资源，构筑利益共同体，充分发挥公路与化工交叉学科优势，强化以企业为创新主体的跨行业、多产业链、产学研用协同的创新联盟。

平台致力于特种沥青改性技术、特种胶黏剂技术及石油沥青替代材料的研究，从根本上解决重交通引起的路面病害问题及道路石油沥青材料供应紧张问题。有助于提升重交通路面使用寿命和服务功能，节约建养费用，拓宽路用材料来源，对推动我国公路养护事业走向资源节约、环境友好的发展道路具有重要意义，并为加快"综合交通、智慧交通、绿色交通、平安交通"建设提供坚实支撑。

(7) 西部地区特殊环境下公路养护交通运输行业协同创新平台

牵头单位：新疆交通建设（集团）有限责任公司

基本情况："西部地区特殊环境下公路养护交通运输行业协同创新平台"由国内外知名高校、企业以及设计、研究院所共同构建组成。该平台紧密结合"平安交通"的需求，进行产学研联合攻关，依托新丝绸之路经济带交通基础设施发展规划，立足国内外公路养护技术与方法的基础，结合以新疆为典型代表的我国广大西部地区的特殊环境进行系统研究。在四个方向进行技术攻关：流动性沙漠公路高效综合养护，内陆冰川高寒山区公路边坡灾害监测预报及快速养护，复杂风（冰）雪地区公路高效、便捷养护，西部特殊环境下公路检测新技术与养护评价体系。

重点攻克的核心共性技术包括流动性沙漠公路养护综合技术创新研究与应用示范、内陆冰川高寒山区公路边坡典型地质灾害监测及养护关键技术创新研究与应用示范、西部复杂风（冰）雪地区公路养护

关键技术创新研究与应用示范、西部地区特殊环境下公路检测新技术与养护评价体系创新构建与应用示范。

在上述方向取得创新性成果及产业化示范后，既可向西部地区推广应用，满足西部交通行业公路养护需求，同时又具有输出到毗邻的中亚乃至东欧地区的前景，提升中国核心养护技术在国际的竞争力，为新丝绸之路经济带区域交通基础设施养护提供核心技术支持。

（8）公路设施使用状态监测与养护保障核心技术协同创新平台

牵头单位：河北交通投资集团公司

基本情况："公路设施使用状态监测与养护保障核心技术协同创新平台"由河北交通投资集团公司、河北省交通规划设计院、同济大学、重庆交通大学、上海交通大学、华东理工大学、河北工业大学、石家庄铁道大学、中路高科（北京）公路技术有限公司、天津海泰环保科技发展有限公司、中航路通实业有限公司、路约贸易（上海）有限公司、河北路桥集团有限公司、邢台路桥建设总公司14家单位发起成立，平台理事长单位为河北交通投资集团公司。

该平台以网级桥梁结构安全监测与评估、隧道健康监测和运营节能、安全评估理论与处治技术的研究与集成、高性能沥青路面材料与养护装备研发为创新方向，通过创新资源的有效分工和合理衔接，突破核心技术，实施技术转移，加速科技成果的转化应用。

该平台是以市场为导向、以企业为主体、以高校为技术依托、以项目为载体、以资产为纽带，围绕公路养护领域的关键技术问题，以长期性、紧密性、市场化为基本特征的产学研用创新平台。平台将着力提升各成员单位在养护相关领域的研究、开发、服务和应用水平，打造拥有自主知识产权、具有较强竞争力，能够引领产业技术创新的产学研用联合体，为我国公路养护行业综合实力的提高作出贡献。

（9）绿色智能港航工程建设技术协同创新平台

牵头单位：中交水运规划设计院有限公司

基本情况："绿色智能港航工程建设技术协同创新平台"由中交水运规划设计院牵头，联合中交三航局、南京水利科学研究院、交通运输部天津水运工程科学研究院、清华大学、河海大学、大连理工大学、中交四航研究院、中交天津港湾研究院、中交上海三航研究院和安徽省交通勘察设计院构建组成。该平台是我国水运行业第一个，也是目前唯一一个由企业牵头组建的协同创新平台。该平台的认定，对深入贯彻落实"四个交通"发展战略，加强产学研用联合创新及提升行业竞争力和影响力具有重要推动作用。

该平台以"国家急需、世界一流"为根本出发点，以行业发展需求和各方共同利益为基础，以提升产业技术创新能力为目标，紧紧围绕绿色、循环、低碳的行业发展主题，结合"四个交通"发展需求，制定了"远海岛礁环保建港综合开发关键技术"和"绿色循环低碳港航工程建设关键技术"两大协同创新主题，形成了联合开发、优势互补、利益共享、风险共担的产学研协同创新组织。

平台将为我国港航工程走向远海，加强国家对海洋权益管控，促进我国向海洋强国发展，以及提升资源节约型、环境友好型港航工程建设技术水平，形成绿色港航工程建设产业化体系，提供重要的技术支撑。

（10）交通运输行业现代物流协同创新平台

牵头单位：浙江电子口岸有限公司（浙江交通物流信息工程技术研发中心）

基本情况：为抓住机遇、发挥优势、多方集聚创新资源，形成产业技术创新链，大力推进交通运输行业现代物流产业的创新发展，浙江电子口岸有限公司联合中国交通通信信息中心、浙江省交通运输物流信息服务中心（浙江国家交通物流公共信息平台管理中心）、中邮科技有限责任公司、中远网络信息科技有限公司、中外运空运发展股份有限公司、东方口岸科技有限公司、同济大学、北京交通大学等18家单位，发起建立"交通运输行业现代物流协同创新平台"。

平台以国家交通运输物流公共信息平台为依托，以科技部"十二五"重大科技支撑项目——区域物流资源共享服务平台研发和应用项目为起点，通过产学研用合作，开展一系列先进技术和平台应用模式的研发。

平台秉持"协同合作，推动创新，共赢共荣"的宗旨，按照交通运输部提出的"行业急需、世界一流"的总体要求，以加快"四个交通"发展为导向，以提升产业技术创新能力为目标，以解决制约行业发展的共性关键技术为重点，进一步完善产学研协同创新体制机制，强化共性技术攻关，促进成果转化应用，努力为全面提升现代物流业科技创新能力作出贡献。

2. 以高校为主体的协同创新平台

（1）智慧综合交通协同创新平台

牵头单位：北京航空航天大学

基本情况："智慧综合交通协同创新平台"以解决综合交通系统的高效运行与安全保障问题为根本目标，以交通运输部为依托，由北京航空航天大学牵头，联合北京交通大学、清华大学、武汉理工大学等国内知名高等院校以及美国西北交通研究中心、交通运输部公路科学研究院、交通运输部科学研究院等国内外知名研究院所，以及北京四通智能交通系统集成有限公司、北京宏德信智源信息技术有限公司、中国道路运输协会等国内交通领域有影响的重点科技企业和行业协会，实施协同技术创新。

迄今为止，本协同创新平台主要参与单位已集聚了大量创新要素和资源，包括国家级创新研究群体2个、院士1名、长江学者特聘教授2名、国家"青年千人计划"学者2名、国家杰出青年基金获得者2名，国家级科研基地4个、省部级科研基地8个。通过国家"211工程""985工程"等项目，已得到中央、地方和行业的协力支持。

该平台针对智慧综合交通系统在数据采集、分析评估、优化控制、综合应用等方面面临的问题，重点将开展综合交通信息物联感知、综合交通大数据处理、交通枢纽场面智能控制、多交通方式协同管控、综合交通系统组织与优化、综合交通系统安全运行与应急保障、综合交通信息服务等方向的科学与技术研究工作。

（2）重交通道路耐久与安全协同创新平台

牵头单位：同济大学

基本情况："重交通道路耐久与安全协同创新平台"由同济大学牵头，联合华南理工大学、哈尔滨工业大学、重庆交通大学、东南大学、交通运输部公路科学研究院、交通运输部科学研究院、中交第二公路勘察设计研究院有限公司、中国路桥工程有限责任公司、北京道从交通安全科技股份有限公司组建而成。平台汇聚了国内道路工程高端人才，包括"千人计划"教授1名、长江学者5名、国家杰出青年基金获得者2名、国家勘察设计大师1名、国家百千万人才工程第一、二层次人选5名等高层次创新人才队伍。

该平台依托我国首批交通运输工程国家一级重点学科，拥有国家工程技术中心1个、教育部重点实验室1个、交通行业重点实验室4个、教育部工程研究中心2个、其他省部级重点研究平台6个，覆盖道路、机场、铁道和城市轨道等陆路设施领域，研究力量雄厚。平台面向"四个交通"，围绕重交通道路耐久与安全关键技术问题，通过机制体制创新，突破路基长期性能、长寿命路面与养护、材料耐久性与资源化、路域环境安全和道路营运安全5个方面的关键技术问题，最终实现道路设施的百年寿命和全时安全，形成交通行业高端人才培养、国际一流学科和持续创新研发的协同创新平台。

（3）智能港口物流协同创新平台

牵头单位：上海海事大学

基本情况："智能港口物流协同创新平台"是一个多学科交叉融合的新型学科领域，协同体以国家战略需求为导向，以自动化集装箱码头、上海自贸区智能监管、全国交通智能控制网络集装箱箱联网等重大任务为牵引，开展联合攻关和协同创新，进一步夯实在自动化码头、自贸区智能监管、集装箱物流监控等领域的技术、人才、学科优势。任务目标是实现"五个一"工程，即形成一套协同创新机制、攻克一批行业重大科研问题、形成一组新的学科方向、汇聚一支拔尖的创新队伍、培养一批优秀人才。

该平台机制体制建设颇具特色。在人事方面，依据协同创新平台的目标和任务，实行"按需设岗"；定条件，实施竞争上岗，面向协同体内外公开招聘，优秀人才"一人一议"；采用"基本工资＋岗位津贴＋绩效"的薪酬结构，实行分类考核和团队考核；协同创新平台完成的绩效和成果，原单位认可并可共享。在科研方面，该平台设立智能港口物流专项基金，发布课题指南，形成研究合力；实行知识产权资本化，发明团队享有70%，协同体享有30%，并签订知识产权合同。在研究生教育方面，单列研究生招生计划，增加协同创新平台导师的硕士生、博士生招生指标，并设立专项奖学金；实行高校企业"双导师"制，促进创新实践能力的培养。

（4）新一代耐久性道路结构与材料协同创新平台

牵头单位：长沙理工大学

基本情况：我国高速公路规模大、建养任务繁重，提高道路使用寿命、减小大中修周期是国家社会经济发展的重大需求。为此，汇聚行业优势力量、整合资源，构建了"新一代耐久性道路结构与材料协同创新平台"。通过合作研发、体制机制改革、人才培养及团队建设，实现高速公路路基稳定与加固、路面结构设计、新型路面材料研发、改扩建技术4个研究方向10个关键技术突破，解决国家和行业发展重大需求，促进绿色交通、平安交通的发展。

该平台包括公路养护技术国家工程实验室、新型道路材料国家工程实验室、道路结构与材料交通行业重点实验室、公路工程教育部重点实验室、特殊环境道路工程湖南省重点实验室等13个国家和省部级实验平台；拥有行业最大的土工离心试验系统、国际土木建筑领域先进的X射线探伤与断层扫描试验系统等设备，设备总值2亿元；先后承担"863计划""973计划"、国家科技支撑计划等国家、省部级科研项目140余项、技术服务项目120余项，科研经费近3亿元；获得国家发明专利128项，主编和参编国家标准、行业规范8部，获得国家科学技术进步奖3项和省部级科学技术奖40余项。该平台成果已在我国28个省份高速公路建设中推广应用，显著提高了高等级公路的建设质量和使用寿命，经济、社会和环保效益显著。

（5）综合交通协同运行与超级计算应用技术协同创新平台

牵头单位：北京工业大学

基本情况："综合交通协同运行与超级计算应用技术协同创新平台"由北京工业大学牵头，联合北京市交通信息中心、北京市交通运行监测调度中心、中国人民解放军国防科学技术大学、北京大学、交通运输部规划研究院、安徽博微广成信息科技有限公司共同组建。通过"政产学研用"一体化机制体制创新，以高等院校交通运输工程一级重点学科、交通工程及高性能计算等国家及北京市重点实验室、智能交通行业重点实验室、北京顺畅交通协同创新中心、北京市城市交通运行保障工程技术研究中心全面建设发展为有力支撑，以综合交通协同运行应用需求为引领，以大数据时代超级计算技术与智能交通的学科交叉为突破，依托政府职能部门及交通信息处理产品相关企业促进成果转化，全方位调动各界优势力量开展广泛合作。

该平台重点在交通大数据及超级计算、多模式交通出行行为感知、多模式交通协同信息服务、多模式交通协同运行决策与仿真，以及交通视频图像分析五大领域开展建设工作，以基础理论和共性问题为核心，推动关键技术联合攻关，促进科技成果转化，加强交通领域高层次综合型人才培养及团队建设，为综合交通系统高效运转提供科技、人才及机制体制保障。

（6）海洋运输绿色与安全技术协同创新平台

牵头单位：大连海事大学

基本情况："海洋运输绿色与安全技术协同创新平台"成立于2012年7月19日，2013年8月被辽宁省教育厅认定为省级协同创新培育中心，2014年3月被交通运输部认定为交通运输行业以高校为主体的协同创新平台。该平台以大连海事大学为牵头单位，成员单位包括大连理工大学、哈尔滨工程大学、中远集团、中海集团、中船重工集团、上海船舶研究设计院、交通运输部水运科学研究院和新加坡理工大学等在内的一批国内外优势创新力量。

该平台面向"四个交通"建设和海洋运输行业产业转型发展的重大需求开展协同创新，以支撑我国海运业绿色、安全转型发展为己任。以船岸信息一体化航海安全保障技术、绿色船舶节能减排新技术、海运系统优化理论与低碳高效运营技术等为重点科研领域，紧抓科技创新和创新人才培养两条主线，通过建立一套产学研高效协同的制度体系，完成核心共性技术研发、重大技术装备研制、技术转移与成果转化和拔尖创新人才培养四项重大任务。努力将平台建设成为我国海洋运输行业产业创新人才培养、核心共性技术研发、创新成果转化和行业企业服务的重要基地，开展国内、国际深度交流与合作的重要平台和集聚国内外领军人才的标志性高地，为加快推进中国海运跻身世界最先进行列作出重大创新贡献。

（7）特殊区域公路建设与养护技术协同创新平台

牵头单位：长安大学

基本情况："特殊地区公路建设与养护技术协同创新平台"由长安大学发起，联合中交第一公路勘察设计研究院、中国科学院寒区旱区环境与工程研究所等12家行业有影响的高校、科研院所和大型企业组建而成。平台设立管理委员会、科学技术委员会和平台管理办公室，并在管理委员会、科学技术委员会领导下，围绕教学、科研、服务和创新产业，开展前沿基础研究和应用研究，支撑和引领我国特殊地区公路工程研究领域的发展。

该平台将围绕"四个交通"战略目标，在特殊区域公路建设与养护技术领域，突破一批关键技术，形成一系列具有我国自主知识产权的专利成果和技术标准，有效支撑特殊区域公路交通的可持续发展；构建满足特殊区域公路建设与养护重大需求的创新人才培养模式，培养一批具有突出创新能力的科研人才、一批具有解决重大关键问题能力的研究开发队伍和一批懂经营善管理的科技成果转化领军人才；将具有明显优势和特色的国家级重点学科"道路与铁道工程",建设成为国际一流学科,培育形成一批对特殊地区公路建养技术未来发展影响重大的新型交叉学科。最终,将协同创新平台建设成为具有国际重大影响力的学术高地、公路基础设施关键技术的研发基地、公路交通学科创新发展的引领阵地以及交通运输领域的高层次人才培养基地。

(8) 内河智能航运协同创新平台

牵头单位:武汉理工大学

基本情况:"内河智能航运协同创新平台"是在 2012 年 7 月成立的"长江黄金水道绿色与安全协同创新中心"基础上组建的,由武汉理工大学牵头,联合我国内河航运领域具有重要影响力的 3 所高校、4 家科研院所、5 家大型企业及 4 家长江航运规划与管理部门组成,按照核心层、协同层和合作层三种模式开展协同创新。核心层包括武汉理工大学、重庆交通大学、上海海事大学;协同层包括长江航务管理局、长江航道局、长江海事局、长江三峡通航管理局、交通运输部水运科学研究院、中国交通通信信息中心;合作层包括中交第二航务工程局有限公司等 7 家单位。平台拥有科研人员 121 人,其中国家"千人计划" 3 人、中国工程院外籍院士 1 人。

平台立足于突破内河智能航运研发的体制机制壁垒,推动以"三大机制、五项制度"为重点的机制体制改革,实现将行业重大需求转化为重大项目优势、将各类分散创新资源转化为行业整体创新能力和创新人才培养优势、将重大技术创新成果转化为行业新技术标准和市场优势的"三大转化"。

未来 4 年,该平台将围绕船舶动力系统智能控制技术、船舶结构及货物智能监测技术、船桥避碰与智能导航技术、港口资源智能化及效能提升技术、航道要素感知与枢纽管理智能技术等研究方向开展技术攻关。

(9) 山区桥隧长期性能与安全协同创新平台

牵头单位:重庆交通大学

基本情况:重庆交通大学联合交通运输部公路科学研究院、同济大学、石家庄铁道大学、加拿大圭尔夫大学(University of Guelph)、中国科学院寒区旱区环境与工程研究所、招商局重庆交通科研设计院、西南交通大学、四川省交通运输厅公路规划勘察设计研究院、云南省交通规划设计研究院、西藏自治区交通勘察设计研究院、重庆高速公路集团有限公司等单位,针对"山区桥梁与隧道长期性能及安全"领域开展协同创新研究。

该平台设有山区桥隧全寿命设计理论与工程控制、山区桥隧结构性能劣化规律与加固方法、山区桥隧安全监测评估与信息化技术和山区桥隧灾致破坏机理与防御技术 4 个创新领域。平台汇聚了 2 个国家重点实验室、1 个国家重点实验培育基地、3 个国家工程实验室、2 个国家地方联合工程实验室、5 个国家工程研究中心、1 个国家质量监督及检测中心、6 个交通行业重点实验室、5 个教育部重点实验室、2 个交通运输部质量检测中心等一批优质资源,大型仪器总价 53 000 万元。平台集合了相关领域的 19 个国家特色专业、18 个卓越工程师教育试点专业。现有科研人员包括一大批高水平的领军人物,如院士 2 名、长江学者 2 名、百千万人才工程国家级人选 6 名、全国优秀科技工作者 3 名、交通青年科技英才 4 名等。

风采篇

一、优秀平台展示

二、年度创新人物介绍

三、技术突破成果

四、2019年度重点攻关方向

五、重大活动掠影

为全面掌握交通运输行业重点科研平台建设发展成效，总结经验和成绩，发现问题，完善竞争和退出机制，推动重点科研平台布局优化和良性发展，在交通运输部科技司的组织下，圆满完成了对51家认定满5年的重点科研平台的评估工作。其中从评估结果优秀的17家重点科研平台中，择优对符合国家科技创新基地建设要求、评估结果优秀、研发能力强、优势明显，对行业发展有重大作用的重点科研平台，加大扶持和推荐力度，力争进入国家级重点科研平台序列。

2018年9月，交通运输部科技司举办了重点科研平台主任培训班，是重点科研平台主动适应新形势、新要求，落实国家和行业重大政策，建立良好沟通渠道，优化行业重点科研平台运行管理，提高行业重点科研平台创新发展水平的积极举措。部党组成员李建波同志出席会议并就加快推进新时期行业重点科研平台发展提出了明确要求。来自52家行业重点实验室、48家行业研发中心的负责人、学术带头人、技术骨干，约120名学员参加了培训，经过为期3天的培训交流，学习贯彻国家科技创新基地优化整合、重大科研基础设施和大型仪器开放共享、科学数据管理、野外观测站管理等要求，宣贯《交通运输行业重点实验室管理办法》《交通运输行业研发中心管理办法》等政策文件，并就安全应急等广泛关注领域与部领导、部内相关司局负责人进行面对面深入交流，提升平台发展能力和素质，对重点科研平台建设发展具有重要意义。

2018年12月，2018年度行业重点科研平台主任联席会议在南京召开，来自100余家行业重点实验室、行业研发中心及依托单位的负责同志，中国公路学会、中国航海学会等7家行业协会、学会，以及中车、顺丰、航旅纵横、海康威视等企业的近140名代表参加了会议。秘书处会同中设设计集团做好会议筹备和组织工作，邀请了中国工程院傅志寰院士就"关于中国交通运输发展若干认识"做了专题报告，并设置了基础设施、运载装备、绿色安全、智能交通、前沿技术等五个分论坛开展主题交流，安排了40余个专题报告，清华大学张建平教授、港珠澳大桥管理局苏权科总工程师等行业内外知名专家分别就相关领域技术发展动态进行了专题演讲；经过平台推荐、专家评审，遴选出2018年度创新人物、创新平台、重大突破和2019年主攻方向；期间还安排了平台展览展示等环节，有力地促进了平台之间的交流合作，得到了参会人员的热烈欢迎和高度关注。联席会议以办成行业科技大会为目标，充分体现了平台自发参与、深度交流、紧密合作的总体思路，达到了总结工作、交流成果、促进合作的目的。

一、优秀平台展示

（一）通航建筑物技术交通运输行业重点实验室

依托单位：南京水利科学研究院

1. 科研平台基本情况

该科研平台的主要研发方向如下：

（1）通航建筑物基础理论研究。船闸水力学基础理论研究，升船机仿真基础理论，通航枢纽与通航建筑物运行安全保障理论体系，通航枢纽与通航建筑物生态环境和保护基础理论研究。

（2）升船机关键技术研究。升船机水动力学研究，升船机塔柱结构形式，升船机运行控制与安全保障技术，升船机原型调试技术。

（3）船闸水力学与结构技术。船闸输水系统水力学研究，高水头船闸阀门空化及流激振动研究，省水船闸研究，大型闸、阀门启闭体系研究，船闸结构形式研究。

（4）通航枢纽安全和生态环境研究。通航枢纽与建筑物风险标准研究，航电枢纽过鱼设施技术，河网水系连通和生态环境提升技术，构筑物病害诊断与治理。

近五年来，该实验室承担了220项国内外通航建筑物的研究课题，其中主持了国家杰出青年基金、国家自然基金重大基金、国家自然科学基金、国家重点研发计划、国家"863计划"、中国工程院重大战略研究项目、国务院三建委项目等国家级重大科研项目课题59项，国际合作项目13项及交通运输部应用基础研究项目、交通运输部科技建设项目、行业标准规范项目、中央级科研院所基本业务费项目、水利部公益性行业科研专项、云南省院士自由探索项目等省部级科研项目53项，国内外重大工程项目95项。成果获国家科学技术进步奖一等奖1项，国家技术发明奖二等奖2项，省部级科学技术进步奖特等奖6项、一等奖11项，其他省部级奖励11项；77项成果纳入21部行业标准规范；获得国际发明专利1项、国内发明专利63项和实用新型专利73项，软件著作8项；发表大会报告、论文423篇，出版中英文专著18部。研究成果解决了国内外近100多座通航建筑物相关工程建设的技术难题，船闸输水、防空化技术、船舶进出船闸/船厢等系列成果被国际航运协会内河委员会（PIANC-INCOM）官方技术文件 *Innovation in navigation lock design* 和 *Ship behavior in locks and lock approaches* 采纳，并负责组建 PIANC-INCOM WG2207 工作组进行新版升船机技术文件编制工作，是国际通航建筑物研究领域具有重要国际影响力的一流研究团队。

图1　超大型非恒定流减压箱

图2　空化空蚀试验装置

2. 承担科研任务情况

（1）承担国家级项目 56 项，承担科研任务包括：巨型通航建筑物通航标准体系研究、河湖水系连通治理关键技术研究、150m 级超大升程新型单级垂直升船机重大关键技术、三峡升船机通过能力保障技术研究、长江黄金水道保护与开发战略研究、长江黄金水道开发与重大水利工程安全、枢纽运行调控水力安全综合评估理论与方法等国家重点研发计划项目课题。

（2）承担国际项目 13 项，承担科研任务包括：湄公河北本大桥通航净空尺度及技术要求论证、老挝坡诺水电站枢纽及船闸整体水工模型试验研究、巴基斯坦 DASU 水电站工程闸门静动力分析与底孔弧形工作闸门充压伸缩式水封有限元分析及模型试验研究、乌干达卡鲁玛水电站施工图阶段鱼道模型试验研究等国际项目。

（3）承担重大工程研究 100 项，承担科研任务包括：世界首座水力式升船机——景洪水力式升船机、国内外规模最大的三峡齿轮提升式升船机、金沙江向家坝升船机、红水河岩滩升船机扩建工程、龙滩升船机等大型升船机的设计、设备安装调试、试通航实船试验等不同阶段的试验研究与论证工作；景洪水力式升船机抗倾斜模型验证研究、景洪水力式升船机充泄水阀门常（减）压模型试验研究、景洪水电站水力式升船机原型观测分析工程；长洲水利枢纽三线四线船闸工程原型调试与水力学观测研究、广西柳江红花水利枢纽二线船闸工程船闸输水系统水力学模型及船闸充泄水引航道通航水流条件数值模拟试验等重大工程的科研项目。

（4）承担省部级项目 54 项，承担科研任务包括：高水头船闸阀门空化机理及判别标准研究、通航水力学计算软件和数值仿真平台集成开发、澜沧江景洪水力浮动式新型升船机运行安全关键技术研究、山区通航枢纽大型船闸新型闸门动力特性研究、西江黄金水道大藤峡高水头巨型单级船闸水力学关键技术研究、航电枢纽下游深开挖航道养护与生态效应研究等省部级科研项目。

3. 人才队伍建设情况

依托实验室良好的科研平台培养了一大批水运交通科技高端研究人才，实验室 2017 年入选交通运输行业重点领域创新团队。近五年有 2 位学术带头人获得国家杰出青年科学基金，12 人次入选科技部中青年科技创新领军人才、获得国务院政府特殊津贴、入选国家新世纪百千万人才工程等国家级人才计划。14 人次入选交通运输部中青年科技创新领军人才、长江学者特聘教授、水利部"5151"、江苏省"333"等人才工程计划；3 人次荣获全国创新争先奖状和杰出工程师奖等国家级荣誉；4 人次荣获潘家铮奖、江苏省五一劳动奖章和江苏省青年科技奖等省部级荣誉。

（二）道路结构与材料交通运输行业重点实验室（北京）

依托单位：交通运输部公路科学研究院

1. 科研平台基本情况

该科研平台的主要研发方向如下：

（1）非匀态荷载作用下路面材料及结构响应规律及行为模型研究。通过"沥青路面设计指标和参数研究"和"山岭重丘区高速公路水泥混凝土路面设计施工成套技术研究"，研究沥青路面和水泥混凝土路面材料及结构相应规律，为耐久性路面结构的深入研究奠定基础。

（2）多场耦合状态下，多相路面材料本构关系及结构行为特征和预测模型研究。结合长上坡路段抗车辙沥青路面研究、岩沥青复合改性剂及其制备方法以及用途、排水沥青路面研究以及温拌沥青混凝土研究进一步研究在温度、湿度等环境因素下，材料的本构关系和结构行为。

（3）材料及结构耐久性多尺度数值试验方法。通过材料再生利用技术研究、集料研究、橡胶沥青及混凝土筑路成套技术研究、南方湿热地区高速公路沥青路面新型结构研究，探求材料与结构耐久性方面的规律。

（4）复杂环境条件下，长寿命公路基础设施成套应用技术。结合典型路面结构研究、路基承载力方面的研究，进一步形成基础设施建设成套技术。

近五年来，该实验室立足于服务公路工程行业，解决行业中面临的重大和急需解决的应用基础型问题，定位于交通基础设施建设与维护、环境保护与材料循环利用、节能减排等技术领域。以应用基础和前瞻性技术研究为先导，着重研究路基路面结构在环境因素、交通荷载反复作用下的结构行为，以路面结构厚度、各材料层设计参数等为设计结果的复杂过程，建立基于动力响应的不同自然环境和交通条件下的路面结构模型。注重未来快速养护过程中材料强度快速形成机理研究，以及新型材料服役特征研究。注重路基、边坡等结构的运营安全监控前沿技术研究。依托实验室共承担169项科研项目，其中主持参加国家自然科学基金7项，参与国家科技支撑项目3项、国际合作项目2项、科技部转制科研院所基金1项；人力资源和社会保障部归国留学人员基金2项，博士后基金1项；参与主持交通部西部交通建设科技项目27项，交通部应用基础项目18项，承担交通部规范修订任务4项，承担交通部标准制订和修订任务10项，使实验室真正成为我国道路结构与路用材料领域的核心研究基地。实验室积极承担在本专业领域内有影响的、系统的、技术基础性的科研任务，培养建立一流的科技人才，形成具有一流试验研究设备的试验基地，并取得一流的科技成果。实验室学术水平建设瞄准国际一流，力争在五年内跻身国际一流水平；在国内道路结构与材料领域起到主导性引领作用。

图1　足尺加载试验场

2. 承担科研任务情况

（1）承担国家级项目9项，承担科研任务包括：基于有限变形理论的沥青路面结构剪应力分析和失效行为研究，沥青混合料智能碾压的多参数非线性分析方法，沥青路面灌缝体系低温失效模式及性能指标研究，混合沥青组成、胶体结构与路用性能的关系研究，多雨条件下非饱和土高路堤边坡的稳定性分析与离心模型试验等。

图 2　广东省公路路面典型结构应用

（2）承担国际项目 1 项，承担科研任务为：沥青路面绿色制造技术合作研究。

（3）承担省部级项目 69 项，承担科研任务包括：高速公路沥青路面长期使用性能研究（一期），水泥混凝土路面基层长期性能研究，西部地区公路运行速度特征与应用模型的研究，废旧橡胶粉用于筑路的技术推广应用，沥青路面掺配、嵌入式抗滑表层修筑技术研究等。

3. 人才队伍建设情况

依托实验室良好的科研平台培养了一大批道路材料交通科技高端研究人才，目前拥有博士学位人数达 27 人，占固定人员的 55%；拥有硕士学位以上人员达 41 人，占总人数的 94%。实验室拥有交通运输部专家委员会委员 2 人，交通运输部青年专家委员会委员 7 人。中国公路学会青年科技奖获得者 4 名。拥有中国公路学会百名优秀工程师 5 名，三年来新增 3 名。在人才梯队方面以实验室培养为主，建立学术梯队和课题组长负责制，对于实验室固定人员委以重任、提供舞台、在实践中增长才干。具体做法是由学术带头人负责国家级项目申请和监督执行，青年骨干作为执行层，形成雁形研究梯队。选择优秀青年骨干申请交通部西部交通建设科技项目，如徐剑、王稷良、曹东伟、田波、常成利、李江、孙家凤、张蕾和严二虎等十余位 40 岁以下骨干均主持西部项目。

（三）交通安全特种材料与智能化控制技术交通运输行业重点实验室

依托单位：哈尔滨工业大学

1. 科研平台基本情况

该科研平台的主要研发方向如下：

（1）交通安全特种材料与工程应用技术。该方向主要研究用于交通安全防护、交通基础设施灾害防控等方面的高性能化、智能化、复合化等特种材料与结构技术。包括三个子方向，分别为特殊条件下的路面防滑节能材料与技术、新型警示材料与技术、交通安全智能材料。

（2）交通安全智能化监测控制技术。该方向主要研究用于交通事故控制、交通基础设施服役安全保持与提升、道路交通应急处理等方面的智能分析与处理技术、精密传感仪器及实时监测、自学习功能的交通安全预警与应急处理系统等。包括三个子方向，分别为交通事故智能仿真与控制技术、基础设施安全监测技术、道路交通应急处理技术。

近五年来，该实验室紧紧围绕"交通安全特种材料与工程应用技术"和"交通安全智能化监测与控制技术"两大研究领域的关键技术问题，开展基础研究与应用基础研究、重大关键技术攻关、前瞻性技术探索以及相关公益性技术研究工作，共承担省部级以上科研任务96项，其中国家重大工程科研项目7项、国家重点研发计划项目9项、"863计划"项目5项、国家自然科学基金项目67项、国家科技支撑计划项目5项；国际合作项目2项；部省科技计划项48项。研究经费11 014万元。获得国家科学技术进步奖二等奖5项，国家自然科学奖二等奖1项，中国专利优秀奖1项，省部级科学技术进步奖23项，中国公路学会科学技术进步奖8项。完成省部级科技成果鉴定、验收50余项，获得批准国家授权发明专利124项，实用新型15项。出版专著31部，其中被SCI、EI、ISTP等收录（检索）的论文554篇；国家核心期刊论文187篇。实验室建立开放式的高水平研究平台，形成聚集和培养公路交通安全材料与智能化监测控制领域优秀科技人才的重要基地，培养本领域国际知名专家学者和学术大师；取得一批国际领先的标志性成果，建成公路交通安全材料与智能化监测控制领域高层次学术交流和促进科技成果转化的重要基地；建成有重要国际影响力的国家级创新研究平台和具有国际竞争力的国家重点实验室，总体上达到国际一流水平。

2. 承担科研任务情况

（1）承担国家级项目96项，承担科研任务包括：自融雪机场加热道面建造工业与配套装置关键技术研究，三维核电场地波动分析软件编制及测试，野外场地脉动/环境振动现场测试与数据处理，分布式光纤应变监测仪，高寒地区公路设施全寿命周期耐久性提升与安全性保障关键技术等。

（2）承担国际项目1项，承担科研任务为 Dynamic response and rutting simulation for 105mm – WC20 inlay。

（3）承担省部级项目48项，承担科研任务包括：大跨度拱桥全寿命安全监测评估与预警的关键技术，基于黏弹-损伤特性的沥青材料疲劳机理分析，混凝土构件中高强热轧钢筋受压设计方法研究，基于物联网技术的区域交通应急疏散行为分析与决策方法，基于复变函数理论任意多圆综合荷载下层状半空间黏弹体系的解析法与计算等。

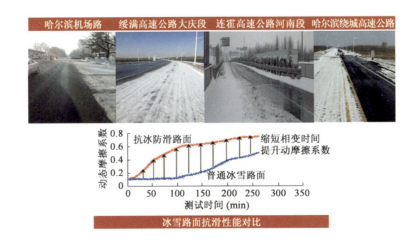

图1 低冰点沥青路面的研发与应用

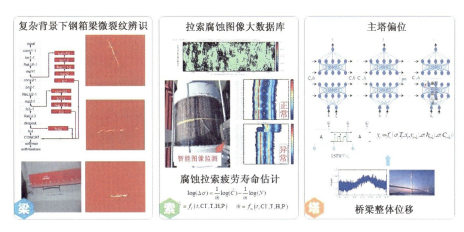

基于大数据深度学习的桥梁关键构建健康特征提取与快速评估技术
攻克了大型桥梁早期、局部、隐蔽损伤监测识别的难题

图 2　交通基础设施健康监测关键技术

3. 人才队伍建设情况

实验室注重人才培养和创新团队建设。围绕实验室两大主要研究方向，共组建以中青年教师为学术骨干的 5 个学术创新团队，即结构安全、特种材料、交通安全、交通控制和结构检测技术创新团队，明确了每个创新团队的带头人，并且加大了人才梯队的培养力度，鼓励青年骨干教师出国深造。

培养出一批优秀的交通领域科技工作者，入选国家级人才称号 24 人次。如谭忆秋教授，2014 年获得教育部长江学者特聘教授称号；李惠教授入选 2017 年万人计划领军人才；欧阳颜峰教授 2017 年获得教育部长江学者讲座教授称号；王大为教授 2017 年入选中组部青年千人；杨征勋教授 2016 年入选中组部青年千人；翟长海教授 2015 年获得教育部青年长江学者称号，2017 年入选万人计划领军人才并于 2018 年获得国家杰出青年基金的资助；郭安薪教授 2017 年获得国家杰出青年基金的资助；鲍跃全教授、李隆球教授获得 2017 年教育部青年长江学者特聘教授称号；冷劲松教授 2017 年入选国家百千万人才工程；董泽蛟教授获得 2017 年黑龙江省杰出青年基金的资助；张连振教授获得 2018 年项海帆杰出桥梁青年奖荣誉；徐慧宁教授获得 2018 年度黑龙江科技英才称号等。

（四）港口岩土工程技术交通运输行业重点实验室

依托单位：中交天津港湾工程研究院有限公司

1. 科研平台基本情况

该科研平台的主要研发方向如下：

（1）波浪-结构-地基等多因素相互作用规律。主要完成了离心模型试验系统建设、港珠澳大桥跨海集群工程建设关键技术研究与示范、插入式箱筒形基础防波堤推广应用、离岸深水港建设关键技术与工程应用、大直径钢圆筒沉降和稳定计算研究、振冲系泊桩海上风电基础破坏模式及承载机理研究、天津软土地区地铁盾构隧道地震响应研究、深中通道不同岛壁结构的人工岛稳定、沉降仿真分析研究和海啸波的模拟及其对建筑物的影响研究等课题。

（2）近岸海洋土和软土的工程性质及其可靠性。主要完成了软土地基变形及变形控制理论与关键技术、港珠澳大桥岛隧工程沉管隧道碎石垫层模型试验研究、珊瑚礁力学性质调研、土坡与地基渐进破坏的计算模式研究、高约束应力下砂土液化规律的离心模型试验研究、超软黏土长期排水固结机理研究、基于土体结构性的典型软土主、次固结耦合机理研究及其工程应用等科研项目。

（3）港口岩土工程勘测试验技术。主要完成了外海人工岛试验监控与仿真分析技术、港珠澳大桥人工岛现场监测、检测技术分析与应用、具有水下无线传输系统的海上构筑物自动监测技术方法、软土地基及水工构筑物自动监测技术研究、《水运工程地基基础试验检测技术规范》制定、《水运工程施工监控规范》制定等工作。

（4）地基基础加固与补强技术。主要完成了滨海新区软土地基电渗加固法研究、带垄沟的碎石基床在沉箱基础中应用的基础研究、真空预压抽真空设备改进、无砂垫层真空预压技术开发与应用、外海厚软基桥隧转换人工岛设计与施工关键技术、《无砂法真空预压加固软基技术规范》制定等工作。

近五年来，实验室围绕4个研究方向长期、科学地开展研究，紧密结合"一带一路"倡议、京津冀协同发展、长江经济带等国家战略，按照国家中长期科技发展规划纲要和交通运输科技"十三五"发展规划要求，针对离岸深水港、跨海湾通道、大型桥梁和隧道、远海岛礁等关键技术进行研究，不断提升自主创新能力，以工程需要为目的自主研发，为行业技术进步提供了强有力支撑；提升了实验室基础科学和前沿技术研究综合实力，取得离岸深水港、土体极限分析理论、软基加固及自动监测技术等一批在国内外都具有重大影响力的科技成果，解决了港珠澳大桥、深中通道、大连湾海底隧道、远海岛礁建设等重点工程技术和安全问题；科研成果服务于蒙内铁路、圭亚那首都机场、孟加拉卡纳普里河底隧道等20余项"一带一路"国际项目和雄安新区、京津冀一体化、长江经济带、粤港澳大湾区等30余项国内重点工程。实验室在获得奖励、论文、专著、专利及标准规范等方面取得了长足进步。出版了《真空预压的理论与实践》《港口工程施工手册》《水运工程建设技术汇编》和《强夯地基处理技术理论创新与工程实践》等16部专著；发表学术论文208篇，其中被SCI、EI、ISTP三大检索机构检索132篇；获得国家发明专利和实用新型专利228项。获得国家级、省部级和集团奖项共102项，其中，"离岸深水港建设关键技术与工程应用"获得国家科学技术进步奖一等奖，"深水抛石整平船"获得中国专利金奖。实验室完成了土工离心机试验系统研发、非饱和土试验系统改造和地基监测自动测量系统研发，完成了大型固结仪的研制，购置了ABAQUS、PLAXIS 3D、ANSYS 18.0、GEO5、电子万能试验机、动静态三轴测试系统、激光粒度分析系统、等高端设备和数值分析软件。实验室目前是"港口水工建筑技术国家工程重点实验室"和"吹填造陆与软土工程教育部工程研究中心"的共建单位，以实验室为主体，一航局博士后科研工作站获得批准，组建的一航局技术中心被认定为国家级企业技术中心。

2. 承担科研任务情况

（1）承担国家级项目11项，承担科研任务包括：深水港口、疏浚工程水上施工安全防护技术研究与应用示范，海洋环境特性混凝土工程应用示范，复杂环境下隧道工程施工安全预警技术与装备研究及应用示范，基于"可能湿陷变形"的黄土渠道地基湿陷性评价方法研究，"梯级水库群风险等级确定与风险设计"之"梯级水库水工建筑物分项系数极限状态设计方法基础研究"等项目。

（2）承担国际项目11项，承担科研任务包括：加蓬PO道路和桥梁工程监测技术研究，肯尼亚蒙内铁路标轨工程监测技术研究，毛塔友谊港清淤和挡沙堤工程监测技术研究，沙特朱拜勒2号公路扩建工程监测技术研究，斯里兰卡科伦坡港南集装箱码头工程监测技术研究等项目。

（3）承担省部级项目115项，承担科研任务包括：土坡与地基渐进破坏的计算模式研究，跨海大桥复合桩基、埋置式墩台及墩柱预制安装施工技术研究与应用，滨海新区软土地基电渗加固法研究，桥梁结构检测及健康监测中参数识别关键技术研究，插入式箱筒形基础防波堤结构推广应用等项目研究。

图1　安哥拉卡约港项目

图2　港珠澳大桥西人工岛

3. 人才队伍建设情况

目前实验室共有固定人员30人，有8名学术带头人，10名博士研究生和10名硕士研究生，有许多新的青年科研骨干进入实验室。实验室人员入选天津市131创新人才培养工程第一层次人选3人，天津市青年科技优秀人才1人，入选天津市建设领域科技专家库2人，入选中国交建优秀技术专家2人。实验室多人在中国土木工程学会工程排水与加固专业委员会、中国土木工程学会土力学与岩土工程分会、中国土工合成材料工程协会和中国工程建设标准化协会等国内学术机构任职。实验室成员以岩土工程专业人员为主，兼有港口与航道、计算数学、结构工程、工程地质、港口近岸及近海工程等专业人才，学员结构、学历层次、年龄结构合理。实验室聘请了9名国内和行业知名专家进入实验室学术委员会，其中院士3名、大师2名，成员均为国内高水平、高知名度学术专家。实验室每年召开学术委员会全体会议，对实验室的年度工作进行总结，并对实验室的中长期规划、运行管理、课题立项等方面进行指导和把关，认真制定实验室的发展规划与年度计划，进一步提高了学术委员会对实验室的指导作用。

（五）汽车运输安全保障技术交通运输行业重点实验室

依托单位：长安大学

1. 科研平台基本情况

该科研平台的主要研究方向如下：

（1）营运车辆安全与检测技术。开展现代汽车主动安全、被动安全技术、汽车诊断检测技术与装备、智能网联汽车安全测试等方面的基础理论和应用技术研究。

（2）营运车辆驾驶人驾驶行为监测与能力提升技术。开展典型不安全驾驶行为机理、基于换道意图识别的换道预警技术、驾驶人安全驾驶能力训练提升技术等方面的基础理论和应用技术研究。

（3）汽车运输过程安全机制设计理论与技术。开展道路交通事故机理分析、道路运输事故防治技术、道路安全检测与评价、运输企业安全评估方法、道路危险货物运输安全保障技术等方面的基础理论和应用技术研究。

（4）物联网环境下车辆安全运行信息融合技术。开展基于物联网技术的道路运输过程监控技术、道路运输安全运行信息融合技术、智能网联环境下运输安全主动防控技术、车路协同安全保障技术等方面的基础理论和应用技术研究。

近五年来，实验室在运输安全工程领域中的汽车综合性能检测关键技术研究和系列产品开发及其产业化、道路交通智能检测技术与装备、公路交通运营安全性检测技术、道路交通事故分析再现技术、中国高速公路运输量调查统计、危险品货物运输安全技术和车辆运行安全监控技术等方向的研究实力和成果达到了国内领先水平，部分成果达到了国际先进水平。实验室已成为我国汽车运输安全领域的重要研究基地和高层次技术人才培养基地，为我国的道路交通运输行业做出了重要贡献。承担科研项目332项，总经费1.68亿元，其中省部级以上项目103项，项目经费8 026万元，横向课题及其他项目219项，项目经费8 239万元。承担国家级科研项目41项，其中国家重点研发计划项目课题主持3项、参加3项，国家科技支撑计划项目主持1项、参加1项，国家自然科学基金面上项目13项。获批多项国家级和省部级人才项目，其中教育部长江学者和创新团队发展计划项目2项，因建设成效显著，两团队均获得教育部创新团队滚动支持。实验室获得各种科学技术奖励22项（其中国家科学技术进步奖二等奖1项、国家级教学成果二等奖1项、省部级一等奖7项）。发表研究论文662篇，其中SCI检索151篇，EI检索211篇，出版著作20部。成果纳入标准规范19项，获专利286项（其中发明专利142项）。获批国家"车－路信息感知与智能交通系统"创新引智基地和交通运输部自动驾驶场地测试基地。

2. 承担科研任务情况

（1）承担国家级项目35项，承担科研任务包括：重大事故下客运车辆应急逃生、自主救援关键技术及装备，警员的实时定位与周边目标主动感知技术及装备，危险品运输车辆识别跟踪技术及系统，自动驾驶电动汽车封闭测试环境构建与场地测试技术研究，基于公安交通监控网络的警情事件监测预警技术及系统等研究。

（2）承担省部级项目68项，承担科研任务包括：智能汽车测试理论与核心装备研发，面向泛在服务及协同控制的 5G 车联网架构、关键技术与实验系统，无人驾驶商用汽车控制系统关键技术，增程式电动汽车增程器关键技术研究，分布式驱动纯电动乘用车关键技术研究等研究。

图 1　双轴汽车制动与 ABS 试验

图 2　智能网联汽车安全性测试技术

3. 人才队伍建设情况

充分利用所依托的重点学科博士后流动站，并通过国际合作、公开招聘等渠道引进国内外的优秀人才参与研究，来实验室工作，并全面引入人才竞争机制，大力营造有利于吸引高素质高学历人才和使优秀人才脱颖而出的良好氛围。实验室现有一支结构合理、专业配套、治学严谨、充满创新活力的稳定研究队伍，已形成 4 个研究梯队，有固定人员 50 名，其中具有教授职称的研究人员 32 人，全部具有博士学位。实验室现有流动人员 42 名，其中客座人员 7 名。

实验室始终重视研究梯队建设和人才培养，建设以学术带头人为核心，以中青年学者为骨干，以年轻博士为主体，团结协作的高水平学术梯队。实验室加强了对国内外优秀中青年人才的吸引、引进和培养，在制度和软硬件环境等多方面予以支持，取得了丰硕成果。引进美国新泽西州科技大学钱一之教授、美国普渡大学 Satish 教授、美国密苏里大学黄国良教授为实验室兼职教授；同时与来自美英等国家知名大学的吴昌旭教授、罗星研究员、张瑜副教授、张婷婷工程师等建立了良好的合作关系。这些海外学者与研究人员参与实验室建设，大大提升了实验室运输安全方面的研究水平。积极扩大对外交流，有计划地选派优秀专业技术人员到国外学习和进修，提升在职人员学术水平。评估期间，实验室人员出国访学与学术交流 50 余人次，其中 1 年以上的海外研究或学习 10 余人次，极大地开拓了研究视野，提升了研究水平。注重通过团队建设来实现中青年人才培养，实验室马建教授团队被教育部认定为"全国高校黄大年式教师团队"；赵祥模教授、付锐教授团队分别入选教育部"长江学者与创新团队奖励计划"，并且均在团队建设成果验收中获得优秀，被列入教育部创新团队滚动支持计划；优秀人才培养方面，评估期内，付锐教授获批国务院政府特殊津贴，赵祥模教授、余强教授、陈涛教授分别获批主持国家重点研发项目课题；韩毅、徐婷获批主持国家重点研发项目子课题；袁伟、高强、徐婷、肖梅、马壮林、赵轩、马菁、闫莹、牛世峰、张春国、杨京帅、惠飞等获得国家自然科学基金项目；赵轩、马菁获得"陕西省青年科技新星"称号；韩飞入选"2018 年度博士后创新人才支持计划"。

（六）季节性冻土区公路建设与养护技术交通运输行业重点实验室（长春）

依托单位：吉林省交通科学研究所

1. 科研平台基本情况

该科研平台的主要研发方向如下：

（1）季节性冻土区路基工程技术。主要针对季节性冻土区特殊的冰冻气候引发的路基冻胀翻浆、融沉、强度衰减等病害，开展路基冻胀融沉机理及控制技术、路基强度衰减规律及评定技术、特殊路段路基修筑技术、冻融循环作用下路基长期稳定性及检测手段等基础和应用基础研究。

（2）季节性冻土区路面工程技术。主要针对极端高低温气候下沥青路面高低温性能表现不足而导致的高温车辙、低温开裂频繁出现的病害，开展沥青路面典型结构、路面长期使用性能、沥青混合料的性能指标、地产材料的开发及应用技术、废旧材料的循环利用技术和路面无损检测技术及相关试验方法等方面研究。

（3）季节性冻土区桥梁与隧道抗冻技术。主要开展桥梁、隧道结构水泥混凝土抗冻、抗渗、防腐等相关技术研究。

（4）季节性冻土区公路维修养护技术。主要开展路基、路面病害机理及相关检测技术、极端气候条件下公路工程养护技术、公路除雪防冰技术、桥梁病害监测与维修加固技术以及桥梁和隧道结构状况无损检测技术等应用基础方面研究。开展高速公路智能化示范工程和绿色公路主题示范工程技术支持、驾驶安全监测、城市公交运营监管、交通智能管控技术等相关研究工作。

近五年来，实验室承担项目研究总经费 1.09 亿元，共承担省部级重大科研项目累计 107 项，包括路基工程技术 23 项，路面工程技术 29 项，桥梁与隧道工程技术 30 项，公路维修养护技术 17 项，智慧交通与绿色公路 8 项。项目成果获得各类奖励 38 项，其中国家科学技术进步奖二等奖 1 项，省部级一等奖 8

项，二等奖 11 项，三等奖 17 项，标准贡献二等奖 1 项。获得批准的国家知识产权 37 项，其中授权发明专利 16 项，实用新型专利 17 项，软件著作权 4 项。在国内外公开发表科技论文 130 篇，其中被 SCI、EI、ISTP 等收录（检索）61 篇，核心论文 57 篇，撰写中外文专著 10 本。经过几年的建设和发展，实验室综合竞争优势日趋显现，目前已经形成具有区域特色的学科综合优势、人才优势，建设了一流水平的创新平台，在季节性冻土区公路工程建设和养护领域具有较强的国内外学术影响力。

图 1　季冻区高速公路抗冻耐久技术应用工程

图 2　桥梁钻孔灌注桩结构设计应用

2. 承担科研任务情况

（1）承担国家级项目 3 项，承担科研任务包括：季节冻土区重载车荷载下路基融土细观结构演化与变形特性，正冻饱和路基土的结构损伤弹塑性模型与冻胀变形研究，基于 AFM 微观尺度表面构造与黏附力学特性分析的沥青与集料界面黏附失效机理研究。

（2）承担省部级项目 270 项，承担科研任务包括：季冻区公路应对极端气候的快速维护与安全保障技术研究，寒区混凝土桥梁安全监控与耐久性评价技术研究，季冻区路基冻胀融沉控制指标研究，季冻区油页岩灰渣筑路技术研究，生态敏感路段湿地路基修筑关键技术研究，季节性冻土区路基土静动回弹模量及其转换关系等研究。

3. 人才队伍建设情况

结合发展需要，实验室积极吸引在寒区工程技术领域具有杰出贡献的国内外学者。五年来，先后聘请中国工程院院士王复明、美国伊利诺伊大学教授 Imad Al-Qadi、加拿大拉瓦尔大学教授 Guy Doré、美国联邦公路局公路研究中心实验室主任李新军博士，长安大学副校长沙爱民教授、哈尔滨工业大学冯德成等 17 名国内外知名专家和教授来实验室工作，以带动实验室整体研究水平的提高。

实验室积极创造条件鼓励年轻人在职深造学习，并通过让青年科技骨干承担国家及省部级重大项目研究，提高技术人员的技术水平和综合实践能力。五年来，实验室培养的省部级"人才培养工程"、特聘教授等各层次人选 8 人，学术带头人 4 位，固定人员中 45 岁以下中青年为重大项目负责人的有 17 人。

（七）旧桥检测与加固技术交通运输行业重点实验室（北京）

依托单位：交通运输部公路科学研究院

1. 科研平台基本情况

该科研平台的主要研发方向如下：

（1）桥梁结构智能诊断与安全可靠性评价。基于桥梁结构安全和使用寿命，开展了桥梁承载能力计算分析与试验方法、损伤结构评定方法与标准以及耐久性评定与安全寿命预测技术等研究，在服役桥梁承载能力快速检测评定、耐久性评估、损伤桥梁计算分析方法。

（2）桥梁结构快速修复技术。开展桥梁结构高性能加固修复材料和模式化结构加固技术研究，研究可检测、可置换、可维修的新型加固技术及相关产品装备，研发新型节能环保型高性能加固修复材料。

（3）桥梁结构健康监测与预警技术。开展桥梁结构多致因损伤评估模型技术研究，多年冻土区公路构筑物病害监测及预警取得多项突破性的研究成果，研究桥梁结构健康监测与预警技术领域相关标准。

近五年来，实验室按照"面向行业重大需求，引领行业技术发展"的原则，采用"国家和主管部门主办、依托单位代管、实验室相对独立"的体制，实行"行业目标、开放创新、科学评价、效益优先"的运行机制，经多年的沉淀积累，实验室已形成了国内领先的旧桥检测与加固技术研究平台，培养了一只高素质的研究人才梯队，取得了丰硕的研究成果，在桥梁结构优化与承载性能分析、旧桥检测与监测、桥梁承载能力评定与耐久性评估、桥梁养护管理与加固改造四个方面占据了行业优势地位。目前，实验室正在承担包括国家科技支撑计划、国家"863"计划、国家自然科学基金、交通运输部重大科技专项、交通运输部西部交通建设科技项目和省级重大科研项目 90 余项，项目经费 9 000 多万元。在旧桥检测与加固技术研究方面发挥着行业引领性作用。2007 年，在交通运输部的大力支持下，依托旧桥检测与加固技术交通行业重点实验室（北京）、道路结构与材料交通行业重点实验室（北京）和公路交通安全技术交通行业重点实验室三个行业重点实验室，围绕本单位的核心主体专业实施了"公路基础设施耐久与安全国家重点实验室"的培育申报工作。国家重点实验室包括长寿命路面理论与关键技术、桥梁损伤评估理论与耐久性关键技术、公路交通安全理论与保障关键技术三个研究方向。为突破阻碍桥梁结构安全技术发展的瓶颈，实验室积极争取国家级的研发平台，2011 年度完成了"桥梁结构安全技术国家工程实验室"的申报工作，并获国家发改委的批复，正式确定交通运输部公路科学研究院为组建单位。为推动桥梁结构隐蔽缺损检测、桥梁结构安全监测与预警、桥梁结构智能诊断与安全可靠性评价、桥梁结构快速修复等技术领域的发展提供有利条件。为提升和巩固交通运输部公路科学研究院在旧桥研究领域的行业地位奠定了基础。

图1　旧桥检测专项实验室

2. 承担科研任务情况

（1）承担国家级项目13项，承担科研任务包括：道路交通运输大数据平台关键技术研究与应用示范，在役桥梁抗震性能提升关键技术研究，基于大数据的涉水重大基础设施智能检测诊断与智慧管控及超前加固技术，道路基础设施服役性能的大数据评价关键技术及应用研究，基于北斗精确定位的公路基础设施安全监测系统的研发与应用等研究。

（2）承担省部级项目87项，承担科研任务包括：在役混凝土梁桥可靠性检测评估技术体系与装备研发，特大型桥梁综合防灾减灾理论与方法研究，特大型桥梁灾变安全监测预警与应急管理平台研究，在役钢筋混凝土箱形拱桥可靠性评估技术及检测关键设备研发，服役桥梁桩基础承载力检测评定方法研究，既有公路构造物在改扩建工程中利用关键技术等项目研究。

3. 人才队伍建设情况

实验室通过与东南大学、长安大学、清华大学、重庆交通大学等院校签订了研究生培养协议，培养硕士研究生5人，培养博士研究生10人。依托交通运输部公路科学研究所的博士后工作站引进博士后8人，建立了实验室的人才梯队培养机制。依托开放课题吸引了一批高素质流动人员，吸引高校和相关研究机构优秀人才15人。充分利用交通运输部公路科学研究所的特聘教授人才政策，聘请国内客座教授4人，国外客座教授5人，聘请院外专家委员7人。积极发掘人才，与国内外高校与科研机构鉴定人才实习计划，为院外学生提供实习机会，提供良好的工作和生活条件，通过参与实际科研项目培养学生能力，着力培养和锁定未来人才。对于符合实验室的人才给予优厚待遇，并提供良好的工作条件，根据其专业兴趣范围给予项目支持，使其快速成长为科研拔尖人才。

（八）多年冻土区公路建设与养护技术交通运输行业重点实验室（西安）

依托单位：中交第一公路勘察设计研究院有限公司

1. 科研平台基本情况

该科研平台的主要研发方向如下：

（1）多年冻土区工程应用基础理论研究。针对多年冻土区国家重大工程建设需求，以多年冻土区公路工程-冻土-环境相互作用为纽带，重点研究公路冻土工程热、力耦合过程及其与多年冻土间相互作用机理、冻土工程的稳定性等基础理论问题，解决冻土区国家重大工程建设和运营中的关键问题，为寒区重大工程建设提供重要科学依据。

（2）多年冻土区路基与环境工程技术研究与推广。开展多年冻土区高等级公路路基关键技术、边坡植被恢复和防护关键技术等。

（3）多年冻土区路面工程技术研究与推广。现场条件下路面半刚性基层强度形成规律研究、基层材料抗冻性能及低温疲劳性能研究、路面基层混合料配合比设计方法研究、冻土地区路面典型结构与设计参数研究、路面施工和养护技术研究等。

（4）多年冻土区道路检测与养护技术研究。针对气候恶劣、地广人稀、低温缺氧等问题给公路工程基础设施的修建和运营带来的巨大挑战，该评估期内主要开展恶劣的地理、气候和多年冻土等特殊环境下道路工程灾害机理的监测、监测技术和设备研发、道路安全评价和预警技术等方面的研究。

（5）多年冻土区桥隧关键技术研究与推广。多年冻土区桥梁结构形式与设计方法研究、多年冻土区桥梁、隧道工程施工工艺研究、桥梁桩基在多年冻土中的回冻过程与回冻技术研究、多年冻土区桥梁混凝土质量控制、隧道衬砌抗冻与保温排水技术等。

近五年来，本实验室科研经费超过 2 亿元，为其开展重大科研项目提供资金保障。实验室获省部级科学技术进步奖特等奖 4 项、一等奖 15 项、二等奖 13 项、三等奖 13 项，中交股份科学技术进步奖二等奖 3 项、三等奖 1 项、技术发明二等奖 1 项；获得授权专利 115 项。这些科技成果奠定了实验室在寒区尤其是多年冻土区公路工程领域的学术地位与影响力，并与中科院冻土工程国家重点实验室、新疆交建集团、黑龙江省公路勘察设计院、内蒙古自治区质量技术监督局等多家单位建立了多层次战略联盟。针对青藏高速公路建设需求，实验室联合多家单位申报了交通运输部重大专项和国家科技支撑计划项目，研究多年冻土区青藏高速公路建设前期迫切需要解决的路线走廊选择及合理线位布局、交通安全理论及保障技术、已有多年冻土保护技术对高等级公路宽幅路基适用性、大尺度冻土路基稳定技术、冻土区高等级公路材料性能及典型结构、桥隧工程构筑物灾变控制技术及工程构筑物灾变监控系统及预警技术等重大问题。交通运输部重大专项于 2013 年 6 月正式启动，2018 年 7 月完成评审验收。国家科技支撑计划项目于 2014 年正式启动，2017 年 5 月全面完成评审验收。这些项目的实施，体现了实验室承担国家重大科研任务的能力，充分发挥了实验室学科群的优势及在引领多年冻土区公路工程持续发展中的带头作用。通过联合申报和合作交流，充分发挥了实验室开放、交流的作用，提升了实验室多年冻土区公路工程领域的研究水平，解决了国家重大需求。

2. 承担科研任务情况

（1）承担国家级项目 26 项，承担科研任务包括：不同道路类型与交通环境下人-车交互影响机理；道路交通行为分析及特征谱建库技术；车辆级和网络级在途车辆运行状态安全诊断与在线预警平台；重大事故下客运车辆应急逃生、自主救援关键技术及多年冻土区工程应用基础理论；道路交通行为立体监测与不良行为高准确获取技术及装备等研究。

（2）承担省部级项目 54 项，承担科研任务包括：高温多年冻土区隧道设计与施工关键技术研究；高温多年冻土区桥梁桩基础及大孔径波纹管涵关键技术研究；共和至结古公路多年冻土路基工程关键技术研究；多年冻土道路路侧积水入渗规律与成灾机制研究；高强预应力钢丝网加固关键技术与材料开发等研究。

图1　冻土环境室内模型试验系统

图2　隔热板路基及通风管现场施工

3. 人才队伍建设情况

依托行业重点实验室平台和实验室博士后科研工作站，吸引凝聚高端人才，特聘中国工程院王复明院士到实验室院士工作站，中国科学院寒区旱区环境与工程研究所俞祁浩研究员、东南大学王声乐教授、同济大学夏才初教授、长安大学刘志云教授、张弛教授等为实验室学术梯队流动人员。

实验室有目标有计划地培养国家级和省部级人才，构建高端人才通道，争取地方政策，实行专兼结合、流动开放的人才政策。为我国公路冻土工程领域培养了一批优秀人才，成为重要的高端人才培养基地。2013—2018年，共培养和造就何梁何利基金科学与技术进步奖（汪双杰）、国家万人计划（陈建兵、赵永国）、新世纪百千万人才工程国家级人选（陈建兵）、国务院政府特殊津贴（陈建兵）等国家级人才8人次，陕西省科技创新创业人才（赵永国）、陕西省科技创新领军人才（陈建兵、张娟）、交通运输行业中青年科技创新领军人才（陈团结）、交通运输青年科技英才（陈建兵）、中国公路学会青年科技奖（陈建兵）、全国百名优秀工程师（陈团结）、陕西省勘察设计大师（王佐）、陕西省青年科技新星（金龙、董元宏、袁堃、穆柯、符进、彭惠等）等省部级人才26人次，14人成为45岁以下重大科研项目负责人，与其他单位联合培养博士研究生（朱东鹏、袁堃、樊凯、彭惠等）共11人、硕士研究生（陈冬根等）共

6 人。实验室研究团队于 2013、2016 年被评为中国交建品牌团队，2015 年荣获陕西省科技创新团队，2016 年荣获全国工人先锋号，2017 年荣获陕西省五四青年奖章等荣誉称号。

（九）高速公路养护技术交通运输行业重点实验室

依托单位：辽宁省交通科学研究院有限责任公司

1. 科研平台基本情况

该科研平台的主要研发方向如下：

（1）高速公路路面损伤机理与防治技术。研究包括：高速公路长期性能保持技术体系研究；高速公路技术状况综合评价方法研究；高速公路路面结构使用状况无损检测技术研究；高速公路沥青路面长期使用性能及其衰变规律研究等。

（2）高速公路扩容及道路新材料应用技术。研究包括：路面胶结料指标体系研究；大中修工程废旧路面材料应用研究；高性能耐久性半刚性基层材料研究；沥青路面裂缝处治材料与技术研究等。

（3）路面再生和重铺技术。研究包括：高掺量再生混合料技术研究；沥青路面二次再生技术研究；路面再生材料的性能评价指标和设计参数研究；大中修工程废旧路面材料应用研究；路面再生材料的再生方案与再生技术研究等。

（4）高速公路快速修复技术与设备研制。研究包括：沥青路面常见病害的快速修补技术研发与应用；路面坑槽等病害高性能快速修补材料与技术研究；钢桥面铺装的快速修复技术研究；收费广场、服务区路面维修改造和加铺技术等。

该实验室是国内最早开展高速公路养护技术研究的学术机构之一，有着深厚的技术积累和丰富的实践经验，技术领域研究开发成果丰硕，在辽宁连续推广应用高速公路预防性养护技术 10 年以上，推动了国内高速公路养护技术应用的快速发展。近 5 年来，该实验室共承担了省部级科研项目及其他相关科技项目 85 项，实到科技项目经费 17 368.6 万元。其中，纵向科研项目 56 项，实到项目经费 5 035.9 万元；其他科技项目 29 项，实到项目经费 12 332.7 万元。取得了"冻融与车辆荷载耦合作用下沥青路面的结构性能研究""季冻区水泥混凝土路面耐久性检测评价与修复技术研究""足尺沥青路面加速加载试验荷载与环境综合模拟系统研究""季冻区半刚性基层沥青路面改造关键技术研究"等研究成果 37 项，获得省部级科技奖励 19 项，其中，获得省部级科学技术进步奖一等奖 1 项、二等奖 5 项、三等奖 13 项，研究成果取得国家专利 10 项。出版学术专著 2 部，在国际会议上做特邀报告 8 篇、分组报告 16 篇；在全国性会议上做特邀报告 14 篇、分组报告 3 篇；在国内外各类学术刊物和会议论文集中发表论文，其中 SCI 收录论文 5 篇、EI 收录论文 28 篇、ISTP 收录 4 篇、核心期刊收录论文 43 篇。

2. 承担科研任务情况

该实验室承担省部级项目 54 项，承担科研任务包括：季冻区半刚性基层沥青路面改造关键技术研究；冻融与车辆荷载耦合作用下沥青路面的结构性能研究；半刚性基层沥青路面温度、湿度场分析与研究；重载交通长寿命沥青路面结构应用技术研究；高速公路沥青路面综合养护技术评价研究；基于半刚性基层的沥青路面改造技术研究；温拌沥青推广应用研究；无机结合料稳定铁尾矿砂道路基层应用研究；高速公路运行安全研究等省部级项目。

图 1　冻融与车辆荷载耦合作用下沥青路面结构损伤防治测试

3. 人才队伍建设情况

经过多年努力，该实验室已形成一支学术水平高、科研能力强，年龄结构、学历结构、学源结构、职称结构合理，优秀人才不断涌现的科技创新团队。团队人才中，具有博士学位的占 15.4%、硕士学位的占 73.1%、学士学位的占 11.5%；在职称结构方面，实验室人员中具有正高级职称的占 38.5%、副高级职称的占 30.8%、中级职称的占 30.7%。

近五年来，团队中有 1 人次荣获国务院政府特殊津贴，1 人次荣获全国交通运输系统劳动模范荣誉称号，1 人次荣获全国公路优秀科技工作者荣誉称号，1 人次荣获交通运输青年科技英才荣誉称号，2 人次入围辽宁省百千万人才工程百人层次人选，2 人次荣获辽宁省交通运输系统"十二五"先进个人荣誉称号，2 人次荣获中国公路学会百名优秀工程师荣誉称号。实验室的学术带头人均具有深厚的学术造诣和丰富的工作经验，有较强的研究、开发能力与组织能力，在各自研究方向承担重点研究项目，为所从事研究方向的科技发展做出了突出贡献，在科技创新和人才培养方面起到了带头作用。

（十）黄土地区公路建设与养护技术交通运输行业重点实验室

依托单位：山西省交通科学研究院

1. 科研平台基本情况

该科研平台的主要研发方向如下：

（1）黄土地区公路路基路面及采空区治理工程技术。开展智能型交通基础设施全寿命周期管理与决策支持技术、黄土地区公路工程长期性能观测与健康监测研究技术、面向无人驾驶方向的智能交通建设技术、在役黄土路基病害精准探测与处治技术、基于"北斗+"黄土采空区灾害风险预警系统等基础性研究。

（2）黄土地区公路桥梁工程技术。开展黄土地区桥梁工程防灾减灾技术，桥梁运营安全评估理论与技术，在役桥梁智能检测、健康监测与快速加固技术，桥梁拓宽改造和再利用技术，组合桥面抗疲劳、抗裂和长期变形控制技术，可恢复、可更换、长寿命桥梁结构体系及装备等研究。

（3）黄土地区公路隧道工程技术。开展公路隧道全寿命周期安全风险评估与安全措施、跨孔雷达精细化超前预报方法、病害机理与健康评价标准、基于光纤光栅传感技术和感温技术的衬砌变形实时监测与火灾报警等研究。

（4）黄土地区地质灾害及生态恢复技术。开展高速公路服务区污水再生利用处理系统及集中运维技术研究、水路交通污染防治与应急方案研究、黄土区生态修复技术研究与应用、山区高速公路生态修复与景观营造关键技术研究、基于绿色公路理念的公路景观和旅游融合成套技术研究等研究。

近五年来，该实验室共承担各类科研项目247项，科研经费达21 621.961万元，立项开放课题41项，总经费达149万元。实验室主持或参与完成了"矿山固体废弃物筑路技术及示范""考虑钢纤维混凝土卓越韧性的铺面结构设计理论""压电式复合路面能量收集效率的协同增强方法""在役桩承式加筋路堤'土拱结构'劣化-重构力学行为长期演化规律研究""黄土地区公路工程长期性能观测基地""基于微纳传感技术的大跨度混凝土梁桥全寿命性能演变监测及评估系统研究""公路隧道检测机器人系统研究与装备制造""黄土地区公路高边坡地质灾害网络化监测与预警关键技术"等一系列重大研究，在特大跨径桥梁、特长隧道特殊地质条件及重载交通地区路面结构设计、施工与养护管理等方面攻克了一批制约黄土地区公路建养技术发展的关键问题，取得了重载路面、黄土路基、黄土桥隧、灾害防治、生态恢复等多领域、系列化科研成果。相关研究成果纳入国家、行业、地方规范25项，授权发明专利86项、实用新型专利458项、软件著作权99项，出版专著10部（其中英文专著2部，中文专著8部），发表学术论文257篇（其中SCI检索21篇，EI检索56篇，ISTP检索26篇）。并获得国家科学技术进步奖二等奖1项，省部级科技奖励40项（其中中国公路学会科学技术奖一等奖2项、二等奖8项、三等奖2项，省部级科学技术进步奖一等奖3项、二等奖10项、三等奖12项，省部级技术发明奖三等奖3项）。目前，实验室拥有固定科研人员66名（其中正高级职称19人，副高级职称17人，中级职称21人，初级职称9人），45岁以下科研人员55人，培养在职博士6人、在职硕士1人。此外，实验室先后建立了25个科技创新平台、15个试验系统，在科研任务、研究成果、论文论著、科技奖励、人才队伍以及平台建设等各方面均取得了跨越式发展。

图1　黄土地区特殊土路基修筑关键技术应用

2. 承担科研任务情况

（1）承担国家级项目7项，承担科研任务包括：矿山固体废弃物筑路技术及示范；手性功能炭材料形成机理和结构设计研究；基于多孔介质热湿耦合传递理论的水泥混凝土路面湿度场计算与实验研究；在役桩承式加筋路堤"土拱结构"劣化-重构；力学行为长期演化规律研究；并联式车载稳定平台机构综合及其在非惯性系中的耦合动力学研究等。

（2）承担国际项目1项，承担科研任务为：基础设施高聚物注浆加固材料研发及其安全防护技术研究。

（3）承担省部级项目148项，承担科研任务包括：高模量沥青混合料应用技术研究；路面下黄土路基土基湿度与强度变化规律研究；高速公路沥青路面整体抗车辙结构组合研究；山西省交通运输环境监测网络建设试点工程；改性增强纤维路面裂缝修补材料的开发及应用研究等。

图2　黄土地区地质灾害及生态恢复技术应用

3. 人才队伍建设情况

实验室在学科建设上逐渐形成了四大优势学科方向：黄土地区公路路基路面及采空区治理工程技术、黄土地区公路桥梁工程技术、黄土地区公路隧道工程技术、黄土地区地质灾害及生态恢复技术，各学科之间既有明确的分工和主攻目标，又有边缘学科相互融合的趋势。在实验室主任赵队家的带领下，通过前期在黄土地区公路建养方面的深入研究和工程实践经验的积累，实验室形成了以刘少文、韩萍、张晓燕、韩之江、申俊敏等学术带头人为中坚力量，配合张翛、张军、刘晓等40岁以下中青年科技骨干的研究型、增长型、学习型的老、中、青互补的高水平学术梯队。近五年来，实验室科学规划、系统建设，在整合现有科研资源的基础上，共建立了25个科技创新平台，15个试验系统，有力地保证了实验室研究条件处于国内乃至国际同行中的领先地位，为黄土地区公路建设与养护技术创新、科技成果转化与人才培养提供了强有力的保障。实验室研究队伍中，共19人次在国内学术机构任职（其中中国公路学会专家委员会委员1人次、中国公路学会理事会理事1人次、中国公路学会环境与可持续发展分会理事1人次、WTC-特殊土路基专业委员会联合主席1人次、中国公路学会青年专家委员会常务委员1人次、中国公路学会青年专家委员会委员1人次、中国土工合成材料工程协会加筋专业委员会常务委员1人次、中国公路学会交通院校工作委员会常务委员1人次、中国土木工程学会土力学与岩土工程分会交通岩土工程专业委员会委员1人次、中国土工合成材料协会理事1人次、中国公路学会工程地质与岩土分会理事1人次、中国公路学会隧道工程分会理事1人次、中国土木工程学会隧道及地下工程分会理事1人次、山西省公路学会道路工程委员会副主任委员1人次、山西省土木建筑学会地基基础专业委员会副主任委员1人次、山西省土木建筑学会地基基础专业委员会委员1人次、山西省土木建筑学会岩土与地下空间工程专业委员会委员1人次、山西省公路学会道路工程委员会委员2人次），进一步发挥了行业内的人才引领作用。

（十一）内河航道整治技术交通运输行业重点实验室

依托单位：重庆交通大学

1. 科研平台基本情况

该科研平台的主要研发方向如下：

（1）内河复杂滩险航道整治技术。开展内河航道泥沙输移理论，复杂浅滩形成机理及演变规律，复杂滩险成因及治理技术，内河水沙运动特性及模拟技术，整治建筑物新结构、工艺等研究。

（2）航运枢纽及通航建筑物关键技术。开展渠化枢纽总体布置与枢纽通航水力学研究、船闸扩能及多线船闸枢纽通航技术、船闸输水形式与输水系统水力学、施工期导流与通航问题等研究。

（3）绿色航道建设与通航安全保障技术。开展绿色航道建设新材料、新工艺，生态堤坝结构与生态护滩（坡）结构，拦河闸坝过鱼设施关键技术，内河航道通航安全与桥梁防撞关键技术，新型航道整治施工技术与装备等研究。

（4）内河码头建设与智能化管养技术。开展大水位差架空直立式码头结构形式、大水位差架空直立式码头结构计算理论与方法、港口水工建筑物长期性能演化机理、内河大水位差港口水工建筑物结构性能智能化监测等研究。

近五年来，内河航道整治技术交通运输行业重点实验室承担了包括"国家重点研发计划""国家自然科学基金"及"国家科技支撑计划"等在内的水运工程基础研究与重大工程科研项目共计312项，研究经费达39 904万元，围绕"内河复杂滩险航道整治技术""航运枢纽及通航建筑物关键技术""绿色航道建设与通航安全保障技术"及"内河码头建设与智能化管养技术"4个研究方向，开展基础性、战略性和前瞻性的重大理论和应用技术研究，充分展示内河航道整治技术重点实验室的科研特色、实力与水平。

2. 承担科研任务情况

（1）承担国家级项目54项，承担科研任务包括：高山峡谷地区通航建筑物通航条件及标准试验研究、多库联调下卵石滩群联动航道整治技术及示范、长江上游黄金航道承载力及提升潜力研究、重大水利枢纽既有通航设施通过能力技术提升示范等研究。

（2）承担省部级项目97项，承担科研任务包括：航道整治建筑物模拟技术规程，复杂滩险航道整治技术，西部交通地质减灾，三峡—葛洲坝两坝间航道船舶适航流量研究，在役钢筋混凝土箱形拱桥可靠性评估技术及检测关键设备研发等研究。

3. 人才队伍建设情况

该实验室利用"国家内河航道整治工程技术研究中心""重庆市院士工作站"与"水利工程博士后流动站"等科研创新平台，特聘王光谦、胡春宏担任首席科学家，聘请曲兆松为千人计划专家，聘请四川大学刘兴年教授、中交水运规划设计院吴澎设计大师等专家参与实验室建设，并通过"巴渝海外引智计划"引进美国密西西比大学晁晓波研究员、贾亚非研究员以及美国亚利桑那大学叶天齐教授等来实验室交流指导。编制出台人才激励机制，推动人才培养工作和科技创新能力的建设。张绪进研究员获得重庆市先进工作者称号，杨胜发教授入围国家百千万人才工程人选，王俊杰教授入围重庆市百千万人才工程人选，叶四桥教授获得交通运输青年科技英才，郑丹教授获得重庆市青年科技人才，王多银教授遴选为全国水利高等院校水利类港航工程专业带头人。充分利用老、中、青相结合的人才结构优势，实验室累计有 23 位中青年科技人员先后承担了 42 项国家及省部级基础研究与重大科技攻关项目，人才培养已逐步进入良性轨道。

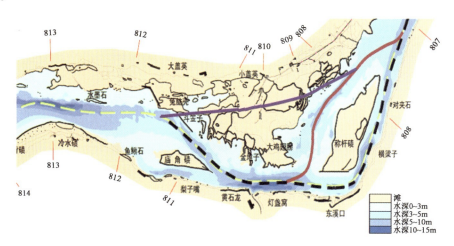

图 1　东溪口滩群联动控导技术应用

（十二）桥梁结构抗风技术交通运输行业重点实验室

依托单位：同济大学

1. 科研平台基本情况

该科研平台的主要研发方向如下：

（1）桥梁空气动力学基本理论。研究包括：台风、雷暴等非平稳特异气流的时空特性及气动力非线性和非定常效应；大跨度桥梁软颤振或驰振的非线性和非定常特性及三维全耦合分析；大跨度桥梁涡激共振的非线性和非定常特性及三维非线性分析；大跨度桥梁随机抖振的非线性、非定常、空间相关性以及特征紊流效应；超大跨度缆索承重桥梁风致静动力稳定特性及非线性耦合分析。

（2）桥梁抗风工程应用基础。研究包括：沿海地区台风风场特性参数的实测研究及随机数值模拟方法；山区峡谷平均风速和风向分布、脉动风速积分尺度和紊流强度的现场实测与风洞试验；桥梁风工程风洞试验方法和技术研究及指南编制；桥梁涡振和抖振等效静力风荷载理论和方法研究；基于性能的软颤振、软驰振、涡激共振评价方法及抗风强健性评价方法。

（3）桥梁抗风物理与数值试验技术。研究包括：多风扇主动控制风洞和特异气流模拟器精细化风洞试验；超大跨度桥梁全桥气弹模型精细化制造技术；典型桥梁断面非线性自激力、涡激力和抖振力模型及其参数识别；高雷诺数条件下颤振导数、气动导纳的 CFD 数值模拟识别技术研究；风环境、风特性和桥梁风致振动的三维全过程 CFD 数值模拟技术。

（4）风效应条件下的桥梁构件性能及耐久性。研究包括：大跨度钢桥的风致涡振和抖振作用下的疲劳损伤演化模型参数；基于连续损伤累计理论大跨度钢桥的风致涡振和抖振疲劳效应和评估；风和雨作用条件下斜拉索及桥梁构件受力计算理论模型与试验研究；桥面行车和桥梁气动力的模型风洞测试技术及风-车-桥结构和行车安全。

近五年来，该实验室承担国家级项目 20 项、实到项目经费 3 233 万元，国际合作项目 3 项、实到项目经费 33 万元，省部级科技计划项目 11 项、实到项目经费 323 万元，横向科研项目 179 项、实到项目经费 4 950 万元，以及其他科研项目 12 项、实到项目经费 430 万元。实验室承担的科研项目总数 225 项、总实到经费 9 749 万元，固定人员年人均实到科研经费 115 万元。实验室获得国家技术发明奖二等奖 1 项，上海科学技术进步奖一等奖 1 项、二等奖 1 项，还获得其他省级科学技术奖二等奖 1 项；出版专著 4 部，发表国际会议特邀报告论文 35 篇、分组会议报告论文 51 篇，发表全国性会议特邀报告论文 16 篇、分组会议报告论文 22 篇，发表学术刊物 SCI 收录论文 134 篇、EI 收录论文 143 篇、核心期刊论文 48 篇；研究成果申请和授权国家发明专利 3 项、实用新型专利 3 项、软件著作权 6 项。

2. 承担科研任务情况

（1）承担国家级项目 20 项，承担科研任务包括：基于结构强健性的桥梁风致灾变机理与控制（"973"计划）、基于结构强健性的桥梁风致灾变机理与控制（"973"计划后三年）、核电超大型冷却塔结构研究及技术支持（国家重大科技专项）、重大建筑与桥梁强/台风灾变的集成研究（集成项目）、缆索承重桥梁关键风效应的多尺度物理和数值模拟等研究。

（2）承担国际合作项目 3 项，承担科研任务包括：马哈坎四桥风洞试验研究、Vortex-induced force and vibration of long-span cable-supported bridges with twin-box girders、印尼 SUNDA 桥节段模型风洞试验。

（3）承担省部级项目 11 项，承担科研任务包括：浸入边界层方法在桥梁空气动力特性数值模拟中的应用、宜居城市交通发展体系与模式研究、城市建筑屋顶新能源系统抗风性能评价与控制的关键问题研究、强风环境下大跨度桥梁三维绕流数值模拟及流固耦合作用、超大型冷却塔风洞试验研究、定常中尺度气象模型和非定常计算风工程模型相融合的山区强风特性模拟方法的研究等。

图 1　双边肋主梁斜拉桥三维扭转颤振分析试验测试

3. 人才队伍建设情况

实验室科研基础扎实，拥有桥梁抗风领域唯一的 1 名中国工程院院士和 1 支全世界人数最多的抗风工程研究队伍，现有固定研究人员 17 名（包括 1 名退休人员、2 名新引进人员），其中包括 9 名正高级技术职称、3 名副高级技术职称和 5 名中级技术职称技术人员，14 人具有博士学位、4 人具有博士后经历，中国工程院院士 1 人、教育部长江学者 1 人、国家杰出青年基金获得者 1 人、跨世纪优秀人才 1 人、教育部新世纪优秀人才 2 人、上海曙光学者 2 人。在国内外相同领域实验室中，该实验室目前拥有全面的学科优势、人才优势、实验室平台优势和国内外学术机构任职等方面的优势。

（十三）道路结构与材料交通运输行业重点实验室（西安）

依托单位：长安大学

1. 科研平台基本情况

该科研平台的主要研发方向如下：

（1）特殊条件路基路面结构与性能方向。主要针对我国公路建设面临的区域性复杂地质（特殊土、山区、寒区、旱区）及环境问题，围绕路基稳定、路面耐久的基础理论和基本方法开展研究，研究成果为我国青藏高原首条穿越冻土区的高速公路——共玉高速公路、新疆盐渍土地区近千公里公路建设提供了关键技术，促进了我国边陲与内地经济社会的协调发展，提升了边疆地区国防安全保障能力。

（2）可持续路面材料结构理论与改性技术方向。主要针对我国公路建设面临的生态与环境保护问题，围绕基础设施建设节能减排、公路功能生态化以及固体废弃物资源化利用等开展系统深入研究，构建了环保型路面理论体系与设计方法，引领了以多孔路面为代表的新一代路面发展，为新型城镇化建设、海绵城市建造提供了技术保障。

（3）复杂环境路面建造理论与控制技术方向。针对当前路基路面早期病害严重、路面结构与材料耐久性不足等问题，以及复杂环境下长大纵坡、桥面铺装、隧道路面等特殊问题开展研究，研究成果为举世瞩目的港珠澳大桥工程桥面铺装、终南山隧道路面建设提供了有力保障，并为粤港澳大湾区深中通道路面工程、琼州海峡跨海工程桥面铺装等提供技术支撑。

（4）公路灾害防治与安全保障技术方向。主要针对我国特殊条件下公路交通安全性不足的现状，开展我国公路交通安全保障能力的基础理论与应用技术研究。研究成果为软岩地层、破碎断裂带等复杂条件下公路路基路面快速安全施工、公路边坡滑坡预警与防治提供了技术支撑，促进区域经济发展，保障人民生命财产安全。

近五年来，实验室始终围绕国家行业需求和世界科技前沿开展研究。20世纪末，围绕我国高速公路建设中存在的路面长期性能不足，以及冻土、黄土、沙漠土、盐渍土等西部特殊恶劣环境条件下的高等级公路修筑技术难题开展技术攻关，其成果支撑了以我国第一条沙漠公路、世界海拔最高的青藏公路等为代表的西部特殊区域国家重大工程建设。特殊条件路基路面工程研究攻克了水热效应的冻土路基失稳机理，冻土、黄土、沙漠、盐渍土等路基病害监控及预警技术，特殊结构路基稳定性技术等技术难题。相关成果获得国家科技奖励2项、省部级奖励15项，发表SCI论文55篇，出版专著3部，主持或参与制定国家及行业规范（标准）2部，共授权专利150余项（其中发明专利65项）。

2. 承担科研任务情况

（1）承担国家级项目27项，承担科研任务包括：外海厚软基大回淤超长、沉管隧道基础沉降，沉管隧道节段接头构造形式研究及高水压2000年投入使用寿命止水带研究，多年冻土区高速公路高性能路面结构与材料耐久性能研究，生物沥青制备工艺、改性机制与性能优化研究，桥面沥青铺装鼓泡形成、扩散机理与试验评价方法研究，强风化千枚岩填筑路基，水-力耦合及长期变形特性研究，大厚度湿陷性黄土地区拓宽路基增湿变形特性及剩余湿陷量控制标准研究等国家级项目。

（2）承担省部级项目24项，承担科研任务包括：交通运输网的智能化、网络化应急高度和疏散救援技术，环境友好型多孔沥青路面材料的基础研究，环保型透水沥青路面（全透式）材料结构设计研究与应用，靖王高速公路反射裂缝扩展、行为及综合处治新技术研究，榆林地区风积沙综合利用筑路技术研究，基于振动成型的沥青路面基层研究及应用，西安地铁枢纽出入口交通诱导及交通设施优化研究，高速公路沥青路面环保型封层预养护技术开发等研究。

图1　青藏高原冻土地区公路修筑技术应用

图2　尾气分解试验路段（深圳）测试现场

3. 人才队伍建设情况

该实验室坚持以人为本的原则，通过激励机制建设、人文精神建设和团队精神建设，创造了一个有利于产生新思想、激发创新活力的良好人才成长环境。依托国家"111"创新引智基地、创新团队、教学团队等资源，构建了多层次、全方位、创新型的人才培养体系。面向学术创新，培养引领国际学科前沿的学术精英；面向国家需求，培养能够解决重大工程技术问题的行业专家；面向国际化，培养具有全球视野、服务中国企业走向世界及"一带一路"倡议的复合型人才。

近五年来，实验室形成了以沙爱民教授牵头的国家创新人才推进计划、重点领域创新团队和特殊区域公路工程可持续发展学科创新引智基地，入选万人计划领军人才4人、长江学者讲座教授2人、青年千人1人、陕西省三秦学者及百人计划特聘教授3名，入选交通运输部和陕西省中青年科技创新领军人才等省部级青年人才10余名。现已形成以国家级团队为龙头，以中青年学术骨干为主体的科研队伍。实验室现有国家级有突出贡献专家1人次（戴经梁），国家级新世纪百千万人才工程人才1人次（沙爱民），长江学者特聘讲座教授 4 人次（尤占平、蔡宜长、Kim、李强），三秦学者特聘教授 1 人次（尤占平），交通运输部十百千人才工程 4 人次（沙爱民、谢永利、王选仓、郑传超），陕西省"三五"人才 4 人次（谢永利、延西利、郝培文、马建秦），交通运输青年科技英才 4 人次（沙爱民、谢永利、郝培文、马骉），跨世纪和新世纪优秀人才培养计划 7 人次（沙爱民、郝培文、裴建中、胡力群、蒋应军、李炜光、陈华鑫），已形成高水平的创新研究队伍。

（十四）长大桥梁建设施工技术交通运输行业重点实验室

依托单位：中交第二航务工程局有限公司

1. 科研平台基本情况

该科研平台的主要研发方向如下：

（1）大跨径桥梁架设及控制技术研究。包括跨海、跨江（河、湖泊）、跨深水峡谷等大跨径桥梁上部结构架设技术研究，高效智能装配式桥梁，桥梁施工控制和监测技术，以及桥梁加固与拆除研究等方面的研究。

（2）特大型桥梁深水基础施工技术研究。包括外海桥梁深水基础结构形式和施工技术，超长桩、超大沉井、超大型深基坑施工和监控技术等方面的研究。

（3）桥梁施工新材料、新工艺和新技术研究。包括桥梁施工工业化及预制装配技术、BIM 技术、预应力与控制技术、施工环保与节能技术、施工测量技术、高性能混凝土耐久性裂缝控制技术、桥梁寿命评估与养护技术等方面的研究。

（4）大型桥梁施工专业设备研究。包括桥梁施工大型专用设备、特殊大型施工临时设施和临时工程设计、大型桥梁施工设备信息化等方面的研究。

近五年来，在依托单位的全力支持下，实验室始终围绕国家和交通行业战略目标，服务国家重大桥梁工程建设的需要，以创新驱动发展的模式，打造创新型、开放式、高水平、特色彰显的应用基础研究和优秀人才培养基地。实验室及其依托单位在长大桥梁建设领域具有雄厚的技术储备和丰富的施工经验，建造和参与建设了几十座跨江、跨海大桥，承建了世界上首座跨度超千米的斜拉桥——苏通长江大桥、世界上最长的跨海大桥——港珠澳跨海大桥、世界上最大跨径钢桁架拱桥——重庆朝天门长江大桥、世界上最大跨径的公铁两用桥——沪通长江大桥以及国内首座跨度超千米的水中悬索桥——深中通道伶仃洋航道桥等具有世界影响的工程。在这些重大工程的建设和攻克各项技术难题的同时，培养了一批工程经验丰富、技术力量雄厚的工程科技人员，同时也形成了一批优势学科，如桥梁深水基础学科、大跨度斜拉桥施工监测监控学科、桥梁装配化施工及智能建造学科，均已处于行业领先水平。实验室已经初步建立以国家级企业技术中心和交通运输行业重点实验室为技术创新平台、以重大工程项目为依托的产学研相结合的技术创新体系，为进一步推进长大桥梁建设施工技术的发展和突破搭建一座坚实的平台。

实验室承接了包括国家级、省部级和中国交建等在内的科技研发项目数量众多，研究范围涵盖大跨径桥梁上部结构施工及控制技术，特大型桥梁深水基础施工技术，桥梁信息化、装配化施工技术，大型桥梁施工专业设备、新型材料、监测评估技术以及桥梁智能建造技术等方向，取得了丰硕的科技成果，这些成果成功应用于港珠澳跨海大桥、北盘江大桥、横琴二桥、沪通长江大桥、沌口长江大桥、秀山大桥、南京五桥、瓯江北口大桥、深中通道跨海大桥等国家重点工程中,大部分技术成果处于国际先进水平,其中部分技术达到国际领先水平,多项成果获得了国家级、省部级科学技术进步奖。实验室为国家重大工程服务,为交通行业的科研、设计、施工服务,有力支撑和引领了交通运输行业桥梁建设领域的技术进步。

图1 强风地区大跨钢桁拱桥施工及控制关键技术应用

图2 多塔连跨千米级悬索桥中间塔设计施工关键技术应用

2. 承担科研任务情况

(1)承担国家级项目4项,承担科研任务包括:"港珠澳大桥跨海集群工程建设关键技术研究与示范"课题三:"海上装配化桥梁建设关键技术"子课题一"埋床法全预制海上桥梁墩台建设关键技术"、海砂混凝土在海洋建筑工程中的应用示范、超高大跨桥梁工程安全新型临时支撑与防护设施及平台研究与应用示范、组合结构桥梁上部结构施工关键技术研究及示范。

(2)承担省部级项目55项,承担科研任务包括:大跨度变截面连续钢箱梁桥设计与施工关键技术研究、跨海大桥深水预制基础定位系泊系统非线性时域计算方法研究、大跨径桥梁自动化整体顶推关键技术及设备研究、缓和曲线空间扭曲箱梁预制安装施工技术研究、嘉绍大桥关键技术研究、不中断交通条件下斜拉索更换成套技术研究、大跨公轨两用部分斜拉钢桁梁桥施工与控制关键技术研究、短线匹配法节段预制拼装预应力混凝土桥梁设计施工技术规程、水上钢板（管）桩围堰技术规程、公路桥梁钢塔制作和架设技术规程、多灾害条件下跨海桥梁深水桩基础承载性能演化分析、深水滑道井字梁可视化、自动化安装全过程控制技术研究、长大桥梁建设技术系统集成研究等。

3. 人才队伍建设情况

该实验室重视学术梯队的建设与发展，现有固定人员 37 人，流动人员年均 35 人。近年来，实验室共计引进博士 3 人、博士后 3 人，聘请客座教授 5 人，不仅充实了长大桥梁方向的研究力量，而且拓展了实验室的研究领域。实验室以培养高层次人才为重点，以全面提高团队整体素质和业务能力为核心，采取双导师带徒、实践基地、技术培训、开放交流、外出取经等方法，多渠道、全方位培养科技人才，不断提高团队能力。实验室固定研究人员中，入选国家级人才培养工程等荣誉称号 2 人次，入选省部级人才培养工程等荣誉称号 11 人次，共培养硕士 4 人、博士 2 人、博士后 3 人。

结合公司战略发展目标，制定桥梁工程、隧道与地下工程、海洋工程、施工装备、BIM 技术等专业领域学科发展规划，成立以首席专家牵头的"大跨径桥梁架设技术""特大型桥梁深水基础施工技术""桥梁施工新技术、新工艺和新材料""大型桥梁施工专业设备"四大领域的学科梯队。各学科梯队成员以 40 岁以下青年研究骨干为主，通过外部引进和培养优秀人才相结合的梯队建设机制，一批年轻人正逐渐成长为实验室的学科带头人和科研骨干，多项研究成果获得认定，达到国际领先水平，学科队伍结构和团队建设取得了可喜的进展。

（十五）港口航道泥沙工程交通运输行业重点实验室

依托单位：南京水利科学研究院

1. 科研平台基本情况

该科研平台的主要研发方向如下：

（1）河口动力学及河口航道治理技术。波浪、潮流、风暴潮多种动力作用下的泥沙运动基本规律，物理模型相似理论和模拟技术、数学模型模拟技术，河口拦门沙航道演变规律和航道整治技术。

（2）河流动力学及内河航道治理技术。复杂滩段航道演变机理、枢纽及上下游航道冲淤机理和整治技术。

（3）海岸动力学及波浪-结构-地基相互作用。波浪与结构和地基相互作用机制、波浪设计要素确定、船行波规律及对河岸侵蚀机理和护岸技术。

（4）海岸港口航道治理技术。现场水沙测量技术、试验控制和数据采集技术，海岸演变规律、港口泥沙回淤模拟和治理技术。

近五年来，该实验室的建设与发展依托南京水利科学研究院雄厚的学科优势。南京水利科学研究院是我国最早成立的水利科学研究机构，面向国内外承担水利、水运、水电工程中具有方向性、关键性和综合性的科学研究，2001 年被确定为国家级社会公益类非营利性科研机构，是国务院批准的首批博士学位和硕士学位授予单位。实验室现有水利工程一级学科博士学位授予点，水力学及河流动力学、港口海岸及近海工程二级学科博士点、硕士点以及一级学科水利工程博士后流动站。积极承担国家和行业重大研究项目，取得了一大批重要科研成果，获国家科学技术进步奖一等奖 1 项、二等奖 1 项，省部级特等奖 3 项、一等奖 20 项、二等奖 8 项，为解决国家交通运输行业重大工程关键技术难题提供了科技支撑。

2. 承担科研任务情况

（1）承担国家级项目 67 项，承担科研任务包括：草型生态系统植物群落重建与快速稳定技术研究、长江典型生态保护段航道整治技术及示范、长江河道演变的航运及岸滩利用效应与泥沙调控研究、"海洋环境安全保障"国家重点研发计划、灾害性海洋动力过程的时空特征及其致灾规律研究、复杂动力环境深水抛石成堤技术及服役寿命研究、海平面上升及重大工程建设对长三角地区重要水源地供水保障影响等研究。

（2）承担省部级项目 10 项，承担科研任务包括：新型消能护滩结构，护底软体排结构稳定性及余排计算方法改进等试验研究，整治建筑物水毁及防护模型试验，新型多孔浮式防波堤试验研究，长洲一、二线船闸通过能力提升通航水流条件与输水系统计算及坝下河段河床演变等研究。

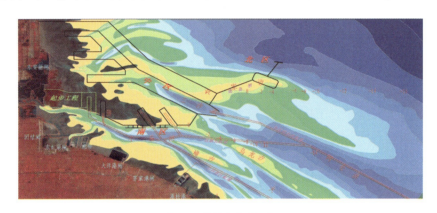

图 1　江苏沿海港口开发

3. 人才队伍建设情况

实验室自 1999 年认定以来，在交通运输部的支持下，紧紧围绕水运工程科技需求，发挥学科优势，整合资源，加大投入，不断提升重点实验平台的科技实力和创新水平，取得了良好的成绩。目前重点实验室四个研究方向形成了一支以学术带头人、博导、教授、博士为主，结构合理、精干高效的学术研究团队。实验室固定编制 42 人，具有正高级职称 27 人，占 64%；具有博士学位 32 人，占 76%；45 岁以下研究人员 24 人，占 57%。近五年来，2 人享受国务院政府特殊津贴，1 人为江苏省"333"高层次人才培养工程第二层次培养对象，15 人为江苏省"333"高层次人才培养工程第三层次培养独享，2 人获钱宁泥沙科学技术奖，1 人获中国航海学会青年科技奖荣誉称号，1 人获交通运输青年科技英才称号。

（十六）智能交通技术和设备交通运输行业研发中心

依托单位：中设设计集团股份有限公司

1. 科研平台基本情况

该研发中心主要研究方向包括：公路网运行监管、服务与应急处置技术及系统研发，城市客运智能化运营与服务技术及系统研发，北斗导航船载终端、车载终端及信息管理服务平台研发和车路通信终端及信息管理服务平台研发。

近五年来，研发中心承担的重要研发项目 40 余项，包括国家级、省部级或行业重大研究项目 10 余项。国际领先和国际先进的重要研发成果 10 余项，获国家科学技术进步奖二等奖在内的国家和省部级奖项 18 项。自 2013 年行业研发中心成立以来，行业研发中心运营效益增长迅速，总收入接近 5 亿元，经济效益增长 127.2%，年增长率稳定在 25% 以上，成功入选 2017 年交通运输重点研发十大平台，实现了同行业、同类型科研平台的引领和示范。经过五年的建设，行业研发中心的智能交通实验室基本建成，并同步实现对外开放和共享，行业引领作用日益突出。行业研发中心现已从刚建立的 40 人增长至 120 人，其中海外人员数量超过 10 名，人均收入增长率超过 10%，对实现研发中心良性可持续发展起到巨大的支撑作用。

图 1　高速公路沿线设施数字化技术应用

图 2　中设 e 停车管理与服务平台

2. 承担科研任务情况

（1）承担国家级项目 4 项，承担科研任务包括：台风浪、风暴潮作用下航道泥沙回淤模拟技术研究，面向抗滑的路面多尺度特征识别方法研究，高速公路运行状态智能监测与安全服务保障关键技术研发及系统集成，高速公路行车条件提升关键技术及装备研发。

（2）承担国际项目 2 项，承担科研任务包括：缅甸仰光综合交通控制系统项目方案及技术应用、船闸运行与航道养护的提升与改进。

（3）承担省部级项目 30 项，承担科研任务包括：船舶运行环境感知与协同技术研究，水工建筑物局部冲刷仿真三维数值模拟仿真技术研究，内河船舶过闸操纵模拟系统关键技术研究，绿色智能航道建设与维护科技示范工程，城乡公交信息服务、城市隧道交通管理及车联网技术标准研究等。

3. 人才队伍建设情况

行业研发中心共有 120 名固定人员，包括正高职称 16 人、副高职称 17 人、中级职称技术人员 46 人，博士及博士后 15 人，本科及以上学历占 100%，团队平均年龄在 30 岁左右，研发、管理、财务、营销人员配置合理，梯队合理、优势明显。在通过质量体系认证的基础上，不断更新和完善科技管理手册，持续加大科研经费投入，依托集团内部的创新创业计划等的支持和鼓励，行业研发中心每年不断涌现大量研究和开发人才及复合型经营管理人才。自行业研发中心建设以来，已培养了包括中国水运勘察设计大师 1 名、江苏省"333"高层次人才培养工程培养对象 4 名、江苏省交通运输行业 100 人才工程 1 名、江苏省六大高峰人才 1 名等，并引进了多名海外人才。行业研发中心骨干人员的学术业绩突出，已获得全国公路优秀科技工作者、江苏省服务业专业人才特别贡献奖、江苏省突出贡献中青年专家、南京市中青年行业技术学科带头人等荣誉称号，还兼任江苏省国际智能交通标准化组织（ISO/TC 204）委员、科技部国家科技专家库专家、全国智能运输系统标准化技术委员、中国智能交通协会水路交通专业委员等职。目前，行业研发中心非固定人员有中国工程院院士 2 名、驻站院士团队的武汉理工大学教授 3 名和副教授 3 名以及南京大学陈启美教授及其团队约 20 名。

（十七）公路桥梁诊治技术交通运输行业研发中心

依托单位：辽宁省交通规划设计院有限责任公司

1. 科研平台基本情况

该研发中心主要研发方向包括：重载交通、不中断交通条件下桥梁快速检测评定技术与设备研发，桥梁结构实时监测技术与设备研发，桥梁结构病害诊治和维修加固专用材料及设备研发。

近五年来，研发中心重点针对我国北方寒冷地区和濒海环境条件下公路桥梁养护管理中的共性关键技术和先进适用技术，结合公路桥梁结构病害特征，开展桥梁安全检测、监测和加固改造技术、材料及设备研发，通过建立工程化、产业化试验平台，制定相应的规范、标准、工法，将先进、成熟、适用的科技成果及时推广应用。搭建科研与产业之间的桥梁，持续不断地为行业提供工程化技术成果，进而推动行业的技术进步。2017 年 8 月，研发中心大型设备仪器完成验收，先后完成研发辽宁省交通科研项目课题试验和对外试验 10 余项，主要有"基于客货分离的既有高速公路评价和改造技术研究"原梁疲劳试验、"新型矮肋 T 梁优化设计关键技术研究"承载力与疲劳试验、"不中断交通状态下桥梁维修养护技术研究"抗扰动混凝土振动试验等。

2. 承担科研任务情况

该研发中心承担省部级项目 67 项，承担项目包括：斜拉桥索锚结合部拉索持续应力下腐蚀状态智能监测技术研究、在役桥梁浅基础检测与加固技术研究、辽宁省高速公路既有混凝土桥梁腐蚀病害养护对策及修复技术研究、基于客货分离的既有高速公路评价和改造技术研究、基于状态检测与荷载试验相结合的中小跨径桥梁快速检评技术研究等。

图 1　桥梁移动数据快速采集系统

3. 人才队伍建设情况

研发中心以辽宁省交通规划设计院为依托，通过整合设计院相关内部资源，固定研发人员共 90 人。管理机构以主任负责制为基础，成立两个专家委员会。下设副主任和总工程师，并设有综合部、总务部、财务部、技术质量部、经营部共 5 个管理部门。同时，按研发方向和生产业务，中心设有研发推广部、试验检测部、路面检测设计部、桥梁检测设计部、桥梁养护部、隧道养护部、路桥隧工程部、产业部，共 8 个相关研发、生产、营销部门。建立与市场经济相适应的技术创新体系，形成重大科技决策咨询中心、科研人才培训中心和科技成果开发、推广、应用中心，为加快技术创新提供保障。

图 2　适合东北地区的低成本桥梁健康监测系统

研发中心队伍建设实行"外引内培"的机制，创建研发中心专家库，并引进公路桥梁诊治技术领域的高层次科研领军人物，例如将国内有影响的专家学者或科技生产工作者作为行业研发中心专家库的客座专家,提供技术咨询、学术指导。积极与高校、科研院所等单位联合申报国家、省部级重大科技项目,为科研人员提供出国访问、深造机会,逐步培养研发中心内科研素质较好的科研骨干,使其成为研发团队的领军人物、学术带头人,以开放课题、技术交流、学术研讨等方式形成多学科专业交叉学习与交流的学术氛围。

二、年度创新人物介绍

为进一步推动交通运输行业重点科研平台建设,鼓励先进,激励创新,鼓励各平台为交通运输行业科研发展做出更大的贡献,形成科研平台间比学赶超的良好氛围,经投票、专家推选,行业重点科研平台有15位专家在2018年表现突出,并于当年南京召开的交通运输行业重点科研平台主任联席会议上介绍相关事迹。

熊剑平

所在平台:高等级公路建设及养护技术、材料及装备交通运输行业研发中心。
依托单位:广西交通科学研究院有限公司。

个人简介:熊剑平,男,教授级高级工程师,道路工程专业。长安大学道路与铁道工程专业博士,广西交通投资集团博士后工作站博士后,现任广西交通科学研究院有限公司企业技术中心主任、第九批广西壮族自治区优秀专家、第二十届广西新世纪十百千人才工程第二层次人选、第十四届广西青年科技奖获得者、广西首批杰出工程师,长沙理工大学校外硕士生导师,交通运输部国家公路建设项目评标专家库成员,交通运输部公路水运工程建设质量安全督查专家库成员。

李金平

所在平台:多年冻土区公路建设与养护技术交通运输行业重点实验室。
依托单位:中交第一公路勘察设计研究院有限公司。

个人简介:李金平,男,高级工程师,冻土道路工程专业,博士。多年冻土区公路建设与养护技术交通运输行业重点实验室和中国交建寒区旱区道路工程重点实验室学术秘书,兼任中交第一公路勘察设计研究院寒区环境与工程研发中心副总工程师。

张巍汉

平台名称：公路交通安全技术交通运输行业重点实验室。
依托单位：交通运输部公路科学研究院。

个人简介：张巍汉，男，研究员，交通安全专业。从事交通安全领域的设计和研究工作，现任交通运输部公路科学研究院安全工程研究中心主任工程师、公路交通安全技术交通运输行业重点实验室驾驶模拟器与综合仿真实验室主任、国家科技专家库合作项目专家、交通运输部公路科学研究院青年专家委员会委员。拥有注册安全工程师、司法鉴定人等执业资格。

李颖

所在平台：水上智能交通运输行业重点实验室。
依托单位：大连海事大学。

个人简介：李颖，女，遥感与地理信息系统、智能交通专业。大连海事大学航海学院教授、博士生导师，国家重点领域海上交通安全与空间信息技术创新团队负责人、交通运输行业科技创新人才重点领域创新团队负责人、辽宁省船舶污染监测与检测信息化技术创新团队负责人等。获得国务院政府特殊津贴，以及交通运输部首批中青年科技创新领军人才等称号。任中国航海学会航海遥感专业委员会副主任委员、中国海洋遥感专业委员会常务委员、交通运输部环境标准化委员会委员、空间遥感专业委员会委员、中国高校极地联合研究中心理事等。

罗小峰

所在平台：港口航道泥沙工程交通运输行业重点实验室。
依托单位：南京水利科学研究院。

个人简介：罗小峰，男，教授级高级工程师，河口海岸港口航道专业。1997年毕业于清华大学水利工程系，获学士学位。2000年和2003年于南京水利科学研究院先后获得硕士和博士学位，留南京水利科学研究院工作至今，2013年任教授级高级工程师。2004年7月～2006年6月，在武汉大学博士后流动站进行研究。2008年9～11月赴荷兰三角洲研究院（Deltares）做访问学者。2011年8月～2012年7月，于江苏省泰兴市港口管理局挂职副局长。2011—2015年入选江苏省"333"高层次人才培养工程。

谭忆秋

所在平台：交通安全特种材料与智能化控制技术交通运输行业重点实验室。
依托单位：哈尔滨工业大学。

个人简介：谭忆秋，女，教授，博士生导师，道路工程专业。现任哈尔滨工业大学交通科学与工程学院院长，哈尔滨工业大学交通运输工程一级学科学术带头人，交通运输部交通安全特种材料重点实验室常务副主任，国家杰出青年科学基金获得者，教育部长江学者特聘教授。于2017年获全国"巾帼建功"先进个人称号。

曹剑东

所在平台：综合交通运输大数据应用技术交通运输行业重点实验室。
依托单位：交通运输部科学研究院。

个人简介：曹剑东，男，研究员，交通信息化专业，工学博士，国家注册咨询工程师（投资），重庆大学兼职硕士生导师，入选2018年度交通运输行业中青年科技创新领军人才。2008年7月毕业于清华大学，现任交通运输部科学研究院交通信息研究中心（统计与经济运行监测研究中心）总工程师、综合交通运输大数据应用技术交通运输行业重点实验室主任。从事智能交通相关研究工作。

耿波

所在平台：桥梁结构抗震技术交通运输行业重点实验室。
依托单位：招商局重庆交通科研设计院有限公司。

个人简介：耿波，男，研究员，土木工程专业。2007年10月至今，任职于招商局重庆交通科研设计院有限公司及桥梁结构抗震技术交通运输行业重点实验室，主要研究方向为桥梁防撞、桥梁抗震及桥梁新技术应用等领域。相关研究成果获国家实用新型专利3项、软件著作权1项、发表论文十余篇、承担项目获省部级奖6项。

侯芸

所在平台：公路建设与养护技术、材料及装备交通运输行业研发中心。
依托单位：中国公路工程咨询集团有限公司。

个人简介：侯芸，男，研发中心主任，工学博士，教授级高级工程师，全国公路优秀科技工作者、交通运输青年科技英才。现任中咨公路养护检测技术有限公司总经理、董事长，公路建设与养护技术、材料及装备交通行业研发中心主任，中国交建公路路面养护技术研发中心主任，并担任长安大学、北京建筑大学硕士研究生导师等。主要从事沥青路面结构与材料、公路工程养护设计与咨询评估、同步快速养护技术、养护信息化等相关研究。

朱建平

所在平台：高速公路养护技术交通运输行业重点实验室。
依托单位：辽宁省交通科学研究院有限责任公司。

个人简介：朱建平，男，高级工程师，道路工程专业，硕士。辽宁省交通科学研究院有限责任公司科研开发中心主任，高速公路养护技术交通运输行业重点实验室副主任，辽宁省第八批百千万人才工程千层次人选、第八届中国公路学会百名优秀工程师、辽宁省公路学会优秀工程师，辽宁省公路学会材料专业委员会委员。

周新波

所在平台：公路交通节能与环保技术及装备交通运输行业研发中心（济南）。
依托单位：山东高速集团有限公司。

个人简介：周新波，男，高级工程师，研发中心主任。1990年毕业后在山东交通工程总公司担任权属单位副经理、经理等职务。2003年起，先后担任山东省高速路桥养护有限公司总经理、山东省路桥集团有限公司副总经理和党委书记、山东高速四川产业发展有限公司总经理等职务，现任山东省路桥集团有限公司董事长、总经理。

吴春颖

所在平台：新型道路材料国家工程实验室。
依托单位：苏交科集团股份有限公司。

个人简介：吴春颖，女，研究员级高级工程师，道路工程专业。苏交科集团股份有限公司道路专业副总工程师，新型道路材料国家工程实验室副主任，江苏省第五期"333"高层次人才培养工程第三层次培养对象，河海大学研究生导师类产业教授。主要研究方向为绿色低碳公路技术、钢桥面铺装技术、沥青路面材料、沥青路面养护、海绵城市道路及足尺沥青路面加速加载试验等。

万剑

所在平台：智能交通技术和设备交通运输行业研发中心。
依托单位：中设设计集团股份有限公司。

个人简介：万剑，男，主任工程师，智能交通科研及产业化专业。智能交通技术和设备交通运输行业研发中心副主任，中设设计集团股份有限公司主任工程师，国家注册咨询工程师、注册一级建造师、注册造价工程师、机电检测工程师、信息化系统项目管理工程师、信息系统监理工程师。研究方向为智能交通感知与数据分析技术，专注于智慧停车、智能公交、智慧公路、大数据及人工智能、信息化系统的研究及产业化。

刘少文

所在平台：黄土地区公路建设与养护技术交通运输行业重点实验室。
依托单位：山西省交通科学研究院。

个人简介：刘少文，男，高级工程师，公路工程专业。山西省交通科学研究院副院长（主持工作），山西交通控股集团有限公司科技管理部部长。黄土地区公路建设与养护技术交通运输行业重点实验室副主任、岩土与地下工程山西省重点实验室主任、黄土地区公路工程长期性能观测与研究交通运输行业重点领域创新团队负责人。长期致力于重载路面结构与材料、黄土力学与路基灾变控制、公路工程长期性能观测与研究等方面研究。

苏利杰

所在平台：现代物流技术及装备交通运输行业研发中心。

依托单位：中车长江车辆有限公司。

个人简介：男，高级工程师，系统集成及控制专业。现代物流技术及装备交通运输行业研发中心技术委员会委员、中车长江车辆有限公司联运装备研究所副所长（主持工作）。

三、技术突破成果

2018年，交通运输行业重点科研平台在科技创新等方面取得了一系列突破，通过平台申报、专家讨论认定的方式，选出了交通运输行业重点科研平台十大技术突破。

（一）深水板桩码头新结构关键技术研究与应用

牵头平台：港口岩土工程技术交通运输行业重点实验室，中交第一航务工程局有限公司、中交天津港湾工程研究院有限公司。该技术获得国家科学技术进步奖二等奖。

技术概要：针对板桩码头深水化存在的关键问题，开展了系统的试验和理论研究，解决了深水板桩新结构设计、施工、抗震等方面的技术难题，为粉砂质地区深水港建设提供了解决方案。本项目开发了"半遮帘式""全遮帘式""分离卸荷式"和"带肋板的分离卸荷式"4种板桩码头新结构，将我国板桩码头的建设水平从3.5万吨级提升至20万吨级，建成了世界上最大吨级的板桩码头；建立了板桩码头新结构的设计理论和计算模型，提出了遮帘效应的分析方法和基于变形的板桩结构极限土压力计算方法；开发了板桩码头数值分析软件与平台、离心模拟技术、监测技术、地震反应分析技术和施工成套技术，解决了板桩码头新结构建设关键技术难题。研究成果已在唐山港京唐港区和曹妃甸港区广泛应用，建成57个5万~20万吨级板桩码头深水泊位；新结构已推广应用到江苏盐城港滨海港区等港口建设，这也是深水板桩结构在淤泥粉土质地区的首次应用。

（二）绿色环保高性能复合式路面成套技术

牵头平台：高等级公路建设与养护技术、材料及装备交通运输行业研发中心（南宁），广西交通科学研究院有限公司。该技术获得广西科学技术进步奖一等奖。

技术概要：依托"三步法"高性能废旧轮胎橡胶粉改性沥青加工技术，实现了橡胶沥青工厂化生产，橡胶粉掺量提高，施工能耗和碳排放量明显降低。建立复合式路面层间界面处治技术体系，处治后的水泥混凝土路面板与沥青罩面的层间界面结合能力增大 2 倍以上，沥青罩面的抗滑移、抗车辙能力提高 110% 以上，使用寿命显著延长。研发水泥混凝土路面加铺薄层橡胶沥青罩面建设技术，罩面的厚度和成本较传统复合式路面降低了 50%。建立"温度 – 湿度 – 车辆"三场耦合下的水泥混凝土路面板下承层湿度场表征模型，为潮湿地区复合式路面设计奠定相关理论基础。项目成果在我国长江以南最大的橡胶沥青产业化基地建设中应用，在近 600km 的公路建设中应用；获专利 10 余项，形成标准 1 部。

（三）大型沉船打捞工程关键技术装备研发及应用

牵头平台：应急救助与抢险打捞交通运输行业研发中心，上海救捞局。该技术获得中国航海科技一等奖。

技术概要：根据沉船油污情况，因地制宜地革新抽油设备，高效完成船体内油舱残油和货舱内溢油。在船艏起吊时的浮力建立中，首创使用内置气囊、外置气囊及钢制浮筒，配置增加沉船浮力。打捞中首创安装沉船安全网及防流失围网，防止遗骨流失。首创使用 33 根托底钢梁进行沉船整体打捞技术，有效保护了沉船原始状态和结构。首创双驳船加带升沉补偿的钢绞线液压同步提升系统平稳抬浮沉船出水。首次将 SPMT（自行式模块运输车）技术成功应用于沉船转移上岸施工中，创造了世界 SPMT 运输的新纪录。

（四）火灾下桥梁结构灾变机理、安全评价与加固关键技术

牵头平台：旧桥检测与加固技术交通运输行业重点实验室，长安大学。该技术获得陕西省人民政府科学技术奖二等奖。

技术概要：项目通过大量室内外试验、现场观测、数值模拟及理论分析，对火灾下桥梁结构灾变机理、安全性评价及加固技术进行了系统研究，首次基于质量元热增量模型建立了焰域空间和桥梁结构相互耦合的桥梁环境火灾模型，提出了桥梁结构热力耦合计算方法；建立了火灾高温场评判模型，揭示了梁桥结构灾变耦合机理，基于高温场优权评判提出了火灾后桥梁结构安全评价方法；揭示了火荷载下配筋率、混凝土保护层厚度等多参数影响的梁桥结构性能温变规律，提出了火荷载下梁桥结构多参数耦合影响分析方法；首次提出了火灾后钢筋 – 混凝土组合结构的热稳定性分析方法，给出了火灾后混凝土梁桥结构承载能力分析方法；首次建立了混凝土梁桥火灾后技术状况评价模型及桥梁承载能力极限状态和正常使用极限状态的评定方法。项目获得国家实用新型专利 3 项，编制并获得梁桥火荷载分析等软件著作权 6 项；自主研发了火灾后混凝土强度分层测试仪等相关检测设备，发表论文 20 余篇，研究成果在实桥上得到了成功应用。

（五）地震隧道震害形成机理分析与风险防控关键技术

牵头平台：陆地交通地质灾害防治技术国家工程实验室，西南交通大学。该技术获得四川科技进步奖自然科学类二等奖。

技术概要：项目结合国家"一带一路"倡议和西部大开发战略需求，紧密结合高地震烈度隧道工程建设中亟待解决的关键科学技术问题，以汶川地震区山岭隧道工程为研究对象，从多学科交叉的视角，系统地进行了汶川地震山岭隧道震害形成机理与控制理论的基础研究。从汶川地震隧道震害现象提出了

瑞利波作用造成隧道破坏的问题；突破瑞利波在时域分析的局限性，基于域缩减波动输入法和子模型的多尺度建模方法，解决了隧道地震反应瑞利波波动输入的问题；进而探明了瑞利波作用下洞口浅埋段裂缝发展和损伤演化过程，再现了汶川地震龙溪隧道洞口浅埋段震害现象，揭示了瑞利波作用下隧道洞口浅埋段地震灾变机理。针对山岭隧道抗震风险的随机性与模糊性特点，提出了山岭隧道震害分级标准，建立了基于模糊理论的山岭隧道抗震风险评估模型；通过统计分析汶川地震中山岭隧道震害数据及基础资料，提出了震害分级具体指标，建立了山岭隧道震害数据库；应用层次分析法和模糊综合评估方法，研发了山岭隧道地震风险管理系统。

（六）基于北斗和物联网的公路地质灾害立体监测与动态预警技术研究

牵头平台：空间信息应用与防灾减灾技术交通运输行业研发中心，中国公路工程咨询集团有限公司。该技术获得中国交建科学技术进步奖二等奖。

技术概要：项目融合天空地多源监测手段，提出了基于时空关联的公路灾害全过程立体监测方法，提高了监测精度；研发了天空地一体化公路地质灾害多源数据反演与信息协同预警技术；创建了 PB 级公路灾害多源时空大数据存算管理体系，构建了具备多维表达计算的高效能公路地质灾害时空数据监测预警平台。项目研究获得国家发明专利 2 项、软件著作权 6 项，成果已应用于浙江上三高速公路工程，取得了良好的经济效益和社会效益，推广应用前景广阔。

（七）面向水上应急与海事监管的无人机系统关键技术

牵头平台：交通安全应急信息技术国家工程实验室，中国交通通信信息中心。该技术获得中国航海学会科学技术奖一等奖。

技术概要：在交通运输部以及交通运输部海事局等科研项目支持下，项目从无人机海事安全监管应急以及海事监管顶层设计、关键技术突破、应用系统开发以及示范应用等方面进行科研攻关，经近 8 年产学研用合作研发，取得系列创新成果：构建了水上应急与海事监管无人机应用顶层框架技术体系；发明了基于高清视频图像的无人机海上目标识别与定位算法；研制了海事无人机空地一体化实时信息交互装备；创新了基于无人机的立体化水上应急与海事监管巡航管理。项目成果在我国水上交通行业的航标巡检、航道测量、应急搜救、水上通信、海事巡航等领域展开了推广应用，支撑了《关于印发海事巡航救助一体化建设的指导意见》《全国航道管理与养护发展纲要（2016—2020 年）》等系列政策文件的出台，推动了现代化水上交通安全监管系统和救援体系创建，全面提升我国海上执法能力、监管效能、海事监管和应急处置水平。

（八）环氧类钢桥面铺装维养与评价关键技术

牵头平台：新型道路材料国家工程实验室，苏交科集团股份有限公司。该技术获得中国公路学会科学技术奖一等奖。

技术概要：环氧类材料是目前国内钢桥的主要铺装材料之一，环氧类材料的高强度使得铺装层难以清除，进一步提高了环氧类钢桥面铺装（Epoxy-type Steel Bridge Pavement, ESBP）的维养难度。高效的维养与评价技术对于保证桥梁咽喉交通正常通行、延长 ESBP 使用寿命至关重要。项目历经 10 余年的系统研究和工程实践，建立了环氧类钢桥面铺装的病害快速定位、精确诊断与准确预测技术；发明了环氧类钢桥面铺装耐久性快速修复材料；研发了环氧类钢桥面铺装精细化修复工艺与智能化修复设备；提出了环氧类钢桥面铺装维养效果评价方法。项目实现了 ESBP "诊断 – 维修 – 评价" 关键技术突破，成功解决了环氧类钢桥面铺装缺乏维养技术的难题。项目获授权国家发明专利 5 项、实用新型专利 5 项、高新技术产品 8 项，形成地方标准 1 部、团体标准 1 部，发表技术论文 10 余篇。其成果在国内 10 余座钢桥中成功推广应用。

（九）城市多模式公交网络协同控制与智能服务技术

牵头平台：东南大学；智能交通系统国家工程技术研究中心，交通运输部公路科学研究院；智能交通技术和设备行业研发中心，中设设计集团股份有限公司联合。该技术获得国家科学技术进步奖二等奖、中国公路学会科学技术奖一等奖。

技术概要：紧扣行业痛点，以"人、车、路、环境协同"为基础，以"智能、快速、绿色、安全"四大目标为导向，围绕多模式公交协同控制与智能服务的技术难题，形成多模式公交的网络综合设计、信号协同控制、公交智能服务成套理论与方法，大规模应用于工程实践，研究车路协同系统的信息感知、传输、分析关键技术，构建真实的车路协同应用场景，在实景环境下开展系统设备的测试、评估与验证，并形成产业推广应用，在国内外高水平学术刊物上发表论文 10 余篇，获发明专利 3 项、软件著作权 3 项。

（十）多式联运智能空轨集疏运系统关键技术装备研发及应用

牵头平台：现代物流技术及装备交通运输行业研发中心，中车长江车辆有限公司。

技术概要：以解决联运枢纽之间"连而不畅""临而不接"的运输阻梗难点问题为导向，研发货运动车、轨道、供电、控制、信息、转接 6 大子系统关键技术，研究完成多式联运智能空轨集疏运系统的整体设计；与西南交通大学合作，开展货运动车的动力学性能和评价标准研究；与中车株洲电力机车研究所合作，开展无人驾驶关键技术研究；与武汉理工大学合作完成系统安全性、可靠性评估。借助于空中轨道，实现了铁路、水运、公路、航空等物流体系的"零距离、零换乘"接力运输。该系统具有绿色、节能、高效、智能、安全等众多优点；运营全过程全电驱动，安静、节能、绿色环保；运营全过程实现远端智能化操控、无人驾驶、无人作业、无干扰、无拥堵，为集装箱及各种集运载单元多式联运提供了一种智能控制、高效转运、精准分配的整体解决方案。

四、2019 年度重点攻关方向

为强化应用基础研究，推进关键共性技术、前沿引领技术、现代工程技术和颠覆性技术创新，根据交通运输事业发展对技术进步的现实需求，结合行业重点实验室、研发中心功能定位，经平台讨论和行业内外征求意见，通过专家讨论等方式，确定物联网、主动安全及自动驾驶技术等 10 个方向为 2019 年行业重点科研平台主攻方向。

（一）物联网、主动安全及自动驾驶技术

围绕提升物联网车位检测器检测精度，抑制高低温漂移，解决外场无线电子设备功耗高与抗干扰性低等问题，重点开展车路协同环境下，基于 DSRC/LTE-V/5G 的车车、车路通信技术及装备，车路协同系统的信息感知、采集、传输、分析挖掘及信息安全等关键技术研发，加强系统设备的测试、评估与验证的应用推广。

（二）交通运输网络安全技术

围绕国家关于网络安全的目标要求，结合交通运输网络安全形势需求，重点开展网络基础设施和业务系统安全防护、突发网络安全事件监测预警和应急响应、安全可控关键软硬件应用等技术研发和系统技术研发，推进交通运输网络安全态势感知与监测预警技术和装备、信任体系技术和关键设备、关键信息基础设施防护技术和设备研发及应用。

（三）综合交通运输大数据处理及应用技术

围绕提升综合交通运输大数据处理及应用能力和效果，整合汇聚交通运输基础设施、载运装备、行政审批、车辆营运等全方位数据资源，基于异构融合计算能力，对视频、图片等互联网数据进行结构化解析，重点研究设施与装备采集设备、数据处理中间件、存储共享等技术研发及应用推广。

（四）交通大型工控软件及 BIM 平台

围绕加快 BIM 技术在交通运输领域的研发应用，重点开展 BIM + GIS 平台的人工智能公路精准执法、公路交通仿真、公路知识图谱等关键技术研究，大力推进参数化的桥梁、船岸等交通基础设施的安全仿真分析、方案优化、在役结构状态评估技术、全生命周期信息价值挖掘技术应用。

（五）交通运输装备及技术

致力于促进交通运输生产智能化，大幅提升交通运输装备及技术水平，重点研发交通运输快速化组装技术及一体化智能工程装备、适宜轻型装配化结构的高性能材料研发、交通运输设备智能检测设备与健康管理、LNG 储运装备的真空远程监控等先进智能传感技术与全过程信息管控关键技术。

（六）空间信息应用与防灾减灾技术

围绕提升空间信息在交通运输行业的应用能力和水平，降低交通运输灾害影响，重点开展空间信息技术与交通运输行业密切相关的空间数据、专题产品及服务平台的研制开发，促进遥感测绘、定位导航与地理信息在交通运输行业的深层次应用，促进道路建管养监管决策技术，交通防灾减灾技术、材料及装备，以及交通基础设施大范围、精细化的实时动态监测技术研发及应用。

（七）交通运输节能环保技术

围绕提升交通运输节能环保水平，促进资源能源集约利用，重点开展交通运输声屏障及声信息利用、太阳能公路技术研发，推广绿色循环型混合料生产、运输、储存等技术，加快水路绿色节能技术、船舶尾气遥测技术及装备研发。

（八）桥隧结构健康检测监测技术

围绕提升桥隧等基础设施健康检测监测的智能化水平，重点开展桥隧基础设施实时健康监测、桥隧BIM技术、安全智能诊断管控系统、灾害预警技术及防控、装配化设计施工与质量管理等关键技术研究。

（九）道路基础设施耐久与新型材料研制技术

结合新型桥梁加固高分子聚合物、高性能快速修复以及低冰点、防冻反结冰防护等材料的研发成果，重点开展道路基础设施绿色建养与灾害风险防控技术、局部结构损伤修复及保存技术、损伤机理及防治技术、快速加固成套技术、快速更换与维修技术等关键技术的研发及应用。

（十）交通运输灾害预防及应急处置技术

围绕防止交通运输灾害发生，降低交通运输灾害损失，重点开展交通土建工程结构减隔震技术、交通生命线快速修复技术、抗震工程技术模拟，以及公路地质灾害监测及预警技术、紧急救援安全管理保障技术，公路安全设计模拟驾驶技术等示范应用及推广。

五、重大活动掠影

（一）交通运输行业重点科研平台主任联席会

12月4日，2018年交通运输行业重点科研平台主任联席会议（以下简称"联席会议"）在南京顺利召开。会议由行业重点科研平台主任联席会议秘书处主办，苏交科集团股份有限公司等单位承办，来自100余家行业重点实验室、行业研发中心及依托单位，中国公路学会、中国航海学会等7家行业协会、学会，以及中车、顺丰、航旅纵横、海康威视等企业的近140名代表参加了会议。

在2017年重庆召开的联席会议的基础上，在部科技司的指导下，行业重点科研平台充分发挥自治，总结经验、提前谋划，委托秘书处充分调研，集思广益，确定了2018年联席会议的主题、内容及安排等事宜。在会议筹备过程中，注重发挥各平台的作用，汇聚多方智慧，民主开放决策，确定了2018年联席会议主题为"瞄准国家战略方向，突破核心关键技术"，采取"政策解读＋学术研讨＋合作交流"及"主论坛＋分论坛"的内容及形式。

本次会议取得了参会人员的热烈反响和高度认可，大家一致认为本次会议准备充分、内容充实、效果明显，达到了总结工作、交流成果、促进合作的目的。此次会议主要体现了以下三个方面的特点。

图1　2018年交通运输行业重点科研平台主任联席会议现场

图2　联席会参会嘉宾现场

一是层次高、内容实。为增进平台对交通强国、综合运输体系的认识，会议邀请中国工程院傅志寰院士就"关于中国交通运输发展若干认识"做了专题报告，得到了参会人员的热烈欢迎和高度关注。邀请科技部平台中心王晋处长就国家科研设施及仪器设备共享政策进行了解读，邀请中车、航旅纵横、顺丰等企业代表介绍了铁路、民航、邮政领域的科技创新情况，进一步拓宽行业重点科研平台的视野。

二是活动密集、成果丰富。本次会议安排时间紧凑、活动密集，设置了"基础设施""运载装备""绿色安全""智慧交通""前沿技术"五个分论坛开展主题交流，安排了40余个专题报告，科技部平台中心王晋处长、清华大学张建平教授、港珠澳大桥管理局苏权科总工程师等行业内外专家分别就相关领域技术发展动态进行了专题演讲。此外，会议还安排了平台展示等环节，较好地促进了平台之间的交流合作。

三是立足行业、内外融合。本次会议的参会人员，除行业重点科研平台相关人员外，还邀请了包括海康威视、商汤科技、南京三宝等单位以及中国公路学会、中国航海学会等学会协会代表参加，并请相关企业代表就人工智能、自动驾驶、BIM等新技术、新业态进行了专题演讲，注重凝聚科技创新和成果转化的行业内外力量，立足将联席会议打造成联通行业内外、开展融合创新的载体。

图3　中国工程院傅志寰院士介绍中国交通运输发展政策及趋势

图4　由苏交科集团组织"基础设施"分论坛现场

图5　科技部平台中心王晋处长讲解科研设施仪器开放共享政策

图 6　港珠澳大桥管理局苏权科总工程师介绍大桥智能运维

（二）交通运输行业重点科研平台主任培训

9 月 27 日，2018 年交通运输行业重点科研平台主任培训班在部党校开班。本次培训班由部科技司主办，交通运输行业重点实验室、研发中心和协同创新平台负责同志共 110 余人参加培训。部党组成员李建波出席开班式并强调，要深入学习贯彻新形势下党中央、国务院关于科技创新工作的重大决策部署，进一步提升行业重点科研平台建设的质量和水平，切实肩负起科技工作的使命担当，努力开创行业重点科研平台发展的新局面，以优异的科技创新成果为交通强国建设提供更加有力的支撑。

参加培训的学员一致认为，当前新一轮科技革命和产业变革方兴未艾，为交通运输科技工作创造了前所未有的机遇，同时中美贸易摩擦又让我们认清了在自主创新方面的艰巨挑战。作为行业重点科研平台要以敢于担当的自觉，研究探索关键核心技术由"跟随"到"引领"的现实路径，逐步摆脱关键核心技术受制于人的不利局面；要以主动作为的激情，进一步提高自身站位，推动构建符合新形势要求的行业科技创新体系。

此次培训明确了下一步行业重点科研平台努力的方向：一是坚持大处着眼，聚焦国家战略和行业重大需求，对照国家科技创新基地的功能定位，加快完善行业重点科研平台体系和平台考核评估体系，建立动态调整退出机制，进一步优化行业重点科研平台布局；二是坚持实处着手，深入梳理行业关键核心技术，咬住"卡脖子"的核心问题，发挥好科技领军人才的关键带头作用，集中力量，协同创新，持续攻关，加快提升行业重点科研平台创新成果供给水平；三是坚持多方用力，充分利用平台自身优势，与国内外科研力量深度合作，积极引导社会力量投入平台建设，加快建立以信任为前提的科研管理机制，推进行业重点科研平台管理创新，赋予科研人员更大的人、财、物自主支配权，最大程度调动科研人员的创新积极性。

（三）交通运输行业重点科研平台评估工作

根据中共中央办公厅、国务院办公厅《关于深化项目评审、人才评价、机构评估改革的意见》以及《交通运输行业重点实验室管理办法》（交科技发〔2017〕174 号）和《交通运输行业研发中心管理办法》

（交科技发〔2018〕114号）的规定，在2018年9~12月期间，部科技司组织实施了对认定满5年以上的交通运输行业重点科研平台的评估工作。

在会议评估及现场评估中，专家组主要由相关部门管理专家、行业知名科技管理专家、专业技术领域专家和重点科研平台主任四类专家组成，旨在发挥不同领域专家的智慧与作用，对重点科研平台取得的成绩及存在的问题进行客观的评价，并对其未来发展提出建设性的意见与建议。行业重点科研平台评估依据一套指标体系来进行，指标体系的设计本着以评促建的原则，以鼓励科技创新、引导和促进行业重点科研平台建设和发展为宗旨，对重点科研平台的发展定位、研究水平与贡献、队伍建设与人才培养、开放交流与运行管理等方面进行评估。

通过评估发现，经过"十二五"尤其是"十三五"以来的建设，行业重点科研平台建设得到快速发展，取得了一大批高水平的研究成果，为交通运输事业发展提供了有力的技术支撑，围绕国家战略实施，聚焦交通运输发展，依托重大工程和科研项目，产出了离岸深水筑港、高等级航道网通航枢纽建设、高速公路运行服务与监管、沥青路面新材料制备等一批具有重大影响的创新成果，为打造现代交通、引领转型升级发挥了重要作用。面对近年来日趋激烈的科技竞争和人才竞争，以及世界交通运输科技发展的机遇与挑战，行业重点科研平台围绕重点研究方向，制定一系列政策措施，加大了优秀创新人才的引进和培养力度，特别是强化了科技创新团队以及具有国际竞争力创新团队的建设，吸引和凝聚了一批优秀交通运输科技人才。一批人才伴随实验室快速成长，部分科研人员已成为领军式专家，加快了优势学科的发展，在国内外、行业内外的影响力日益加大，使重点科研平台逐步成为凝聚高层次科技人才的重要阵地。行业重点科研平台的建设与发展，为交通运输主干学科及其他相关学科的发展提供了一个崭新的平台，稳定了一些公益性强的重要学科方向，培育提升了一批特色、前沿学科，加快了我国在智能交通、物流技术、新型材料等新兴交叉领域的学科发展，为进一步凝练学科研究方向与特色、巩固学科整体优势奠定了基础。

图7 2018年交通运输行业重点科研平台评估第二组专家答辩现场

通过自评估及专家现场评估，对照行业重点科研平台的功能定位，结合本次评估的相关指标得分情况，对比国内先进水平，认为行业重点科研平台发展及管理中还需要进行改进和优化。如：制约行业发展的瓶颈技术研发不足；平台开展研究的统筹性、前瞻性、引领性不够；高层次科技领军人才培养仍是短板；部分平台在科技体制改革新形势下出现不适应、研究方向与当前形势需求不匹配、内外交流合作不充分等问题。

图 8　2018 年交通运输行业重点科研平台评估第四组专家答辩现场

针对行业重点科研平台评估发现的问题，以及当前交通运输行业发展的形势需求，充分运用评估结果，加强行业重点科研平台的规范化、科学化管理。为适应当前行业及技术发展形势，调整优化部分重点科研平台研发方向。以《交通运输重大科研基础设施和大型科研仪器开放共享管理暂行办法》为依托，建设仪器设备开放共享平台，推动行业重点科研平台仪器设备开放共享相关工作。通过分领域组建技术专家委员会，聚焦基础设施健康监测、运输装备、节能环保、安全应急等重点领域，加强同领域平台合作交流，凝练重大创新方向，攻克技术难题，为部提出高质量的政策建议。

（四）港口水工建筑技术国家工程实验室竣工验收

在国家发展和改革委员会、交通运输部的共同指导和支持下，交通运输部天津水运工程科学研究院作为牵头单位，联合天津大学、中交第一航务工程勘察设计院、中交第一航务工程局、天津港（集团）有限公司等单位共建的港口水工建筑技术国家工程实验室于 8 月 10 日在天津召开竣工验收会，评审专家审阅了实验室验收总结报告和业绩支撑材料，考察了土工离心机、大比尺波浪水槽等科研设施及研发平台后，一致认为该实验室完成建设内容，同意通过验收。

该实验室围绕港口大型化、深水化、专业化码头建设和老码头安全运行需求，利用港口航道防淤减淤、港口工程检测评估等 5 项实验研究平台，开展了港口航道防淤减淤、板桩码头新型结构设计等关键技术研发，在深水软土地基水下挤密砂桩施工技术等方面取得诸多创新成果，获得国家科学技术进步奖一等奖 1 项、二等奖 3 项，省部级科学技术奖 100 余项，国家授权专利和计算机软件著作权 140 余项。实验室组建了行业领先、专业结构合理的创新团队，建立了产学研用协同创新机制，实施科研领先工程和"走出去"战略。实验室开展了重大工程关键技术问题科技攻关和行业发展前瞻性问题研究，破解了复杂河口深水航道淤积、跨海通道隧道基槽回淤监测预报、大比尺波浪水槽试验模拟等重大关键技术问题，为"长江经济带""一带一路"倡议和交通运输行业发展提供了支撑和保障。

港口水工建筑技术国家工程实验室项目的建成，提高了地基及基础研究手段，保障水运工程建设和运营安全；完善国家工程实验室地基基础研究开发装备，提高研究手段和研发能力，为水运工程安全建设提供技术支撑；提高港口地基与基础研究和水工结构方案研究的水平，改善实验室现有的研究手段和能力；开展港口水工建筑技术基础研究和工程应用技术研究，开展制定国家及行业技术标准；突破深厚软黏土地基水下加固处理技术及承载力分析关键技术，解决软黏土地基稳定性问题并提出与之相适应的新的基础结构形式。该项目工程投入试运行以来，已进行了盾构隧道地震离心模型试验研究等10余项研究项目。

图9 为港珠澳大桥沉管安装预报泥沙淤积数据

图10 港口水工建筑物全寿命周期健康监测运维平台

（五）交通运输行业科研平台相关政策研究制定

研发中心是行业科技创新体系的重要组成部分，是开展共性关键技术和工程化技术研究，推动应用示范、成果转化及产业化的重要基地。经过近年来的持续投入建设，研发中心规模不断壮大，目前已达48家，涵盖基础设施建养、安全应急、节能环保等多个领域。为加强和改进新形势下研发中心管理，加快提升行业科技创新能力，在深入调研的基础上，依据《中华人民共和国促进科技成果转化法》《国家工程研究中心管理办法》等，组织对《交通运输行业研发中心管理办法（暂行）》进行了修订。9月，交通运输部印发了《交通运输行业研发中心管理办法》（以下简称《办法》），对之前的管理制度进行了修订。《办法》进一步把握行业研发中心促进重大科技成果工程化、市场化的基本定位，充分发挥各方管理主体作用，促进交通运输行业研发中心（以下简称"研发中心"）规范化、科学化、高水平发展。《办法》的修订体现了以下三个方面的思路。

一是优化创新环境。结合调研中行业研发中心和广大科研人员关心的现实问题，《办法》立足于落实中央利于科技创新和成果转化的政策制度，通过鼓励支持行业研发中心设立开放课题、共享科技资源、强化知识产权管理、加强科研诚信建设等措施，优化创新环境，激发科研人员创新活力。

二是完善管理机制。在《办法》修订中，注重发挥交通运输部科技主管部门的宏观指导作用，以及协助管理机构（包括省级交通运输主管部门、中央管理的大型交通运输企业）、依托单位的支持保障作用，明确了交通运输部科技主管部门、协助管理机构、依托单位在研发中心建设和管理中的责任，强化后续管理与服务工作，力求形成多方共建的工作合力。

三是加大创新投入。《办法》围绕研发中心发展实际需求，立足于更好地发挥协助管理机构、依托单位的支持保障作用，建立多渠道筹措研究与管理经费的机制，鼓励研发中心与相关企业或机构合作开展技术研发、成果转化，吸引社会力量投资研发中心建设。

制 度 篇

一、《交通运输行业重点实验室管理办法》(交科技发〔2017〕174号)

二、《交通运输行业研发中心管理办法》(交科技发〔2018〕114号)

三、《交通运输行业协同创新平台管理办法(暂行)》(交科技字〔2013〕259号)

四、《交通运输重大科研基础设施和大型科研仪器开放共享管理暂行办法》(交办科技〔2019〕10号)

2018年，在以习近平同志为核心的党中央坚强领导下，我国科技发展紧扣新时代使命，坚持"三个面向"，出台一系列关于鼓励科技研发、加速成果转化、促进资源开放共享等各方面的专项制度文件，强化关键核心技术攻关，强化创新能力建设，加大政策落实力度，深化创新开放合作，支撑高质量发展取得新成效，创新型国家建设迈出新步伐。国家层面的管理制度，体现了我国科技发展的战略方向和工作重点，是交通运输行业开展科技工作的基本遵循。

一直以来，交通运输部高度重视行业重点科研平台管理的制度和机制建设。2018年，在既有管理实践的基础上，交通运输部科技司持续完善管理制度，优化管理机制，相继出台了《交通运输行业重点实验室管理办法》《交通运输行业研发中心管理办法》《交通运输重大科研基础设施和大型科研仪器开放共享管理暂行办法》等制度文件，开展交通运输行业野外观测研究基地前期调研、方案论证及制度起草等工作，进一步落实国家关于科技创新、成果转化、科学技术普及、科研基地建设等方面的部署要求，并结合交通运输行业科技创新特点和科技资源条件进行制度设计和相应安排。

在行业重点实验室管理上，2005年交通部印发《交通行业重点实验室管理办法》（交科教发〔2005〕317号）和《交通行业重点实验室认定与评估工作实施细则》（厅科教发〔2005〕298号），建立了重点实验室的组织构架和运行管理机制，有效保障了重点实验室快速发展。当前，国家科技体制、预算管理体制改革不断深化，对重点实验室运行管理带来深刻影响。新的形势对包括重点实验室在内的行业科技创新体系建设提出了新的更高要求。为加强和改进新形势下重点实验室管理，加快提升行业科技创新能力，在深入调研的基础上，交通运输部科技司依据《国家重点实验室建设与运行管理办法》，组织对《交通行业重点实验室管理办法》进行了修订。同时，按照精简公文的原则，在修订中纳入了《交通行业重点实验室认定与评估工作实施细则（试行）》主要内容。在此基础上，形成《交通运输行业重点实验室管理办法》。

在行业研发中心管理上，2011年交通运输部印发《交通运输行业研发中心管理办法（暂行）》（交科技发〔2011〕437号）和《交通运输行业研发中心认定工作实施细则（试行）》（厅科技字〔2011〕179号），建立了研发中心的组织构架和运行管理机制，有效保障了研发中心快速发展。随着国家科技体制、预算管理体制改革持续深化，研发中心在管理制度方面也逐渐出现一些不适应的地方。为加强和改进新形势下行业研发中心管理，加快提升行业科技创新能力，在深入调研的基础上，交通运输部科技司依据《中华人民共和国促进科技成果转化法》《国家工程研究中心管理办法》等，组织对《交通运输行业研发中心管理办法（暂行）》进行了修订。同时，按照精简公文的原则，在修订中纳入了《交通运输行业研发中心认定工作实施细则（试行）》主要内容，出台了《交通运输行业研发中心管理办法》。

此外，在科技资源开放共享上，国务院于2014年印发《关于国家重大科研基础设施和大型科研仪器向社会开放的意见》。近年来，交通运输部认真落实党中央、国务院关于重大科研基础设施和大型科研仪器设备开放共享的部署要求，积极推动交通运输行业科研设施和大型仪器开放共享，取得了积极成效。为深入落实党中央、国务院部署要求，管好用好财政资金投入建设的科研仪器设备，充分发挥开放共享平台作用，加快提升行业协同创新能力，2019年1月，交通运输部印发并实施《交通运输重大科研基础设施和大型科研仪器开放共享管理暂行办法》。

一、《交通运输行业重点实验室管理办法》(交科技发〔2017〕174 号)

第一章 总 则

第一条 为规范和加强交通运输行业重点实验室(以下简称"重点实验室")的申报、建设与管理,依据《国家重点实验室建设与运行管理办法》,制定本办法。

第二条 重点实验室是交通运输行业科技创新体系的重要组成部分,是开展高水平研发活动、聚集和培养优秀科技人才、进行高层次学术交流和促进科技成果转化的重要基地。

第三条 重点实验室的主要任务是立足国家重大战略实施和现代综合交通运输体系发展,围绕安全、便捷、高效、绿色、经济的主导方向,开展基础研究、应用基础研究、前瞻性技术以及相关公益性技术研究,解决交通运输现代化建设中的技术难题,为提高综合交通供给能力、服务管理能力和可持续发展能力,建设交通强国提供支撑。

第四条 重点实验室主要依托科研院所、高等院校、骨干企业进行建设与运行,是具有相对独立性的科研实体,在人、财、物上实行相对独立的管理。

第二章 管 理 职 责

第五条 交通运输部科技主管部门是重点实验室的归口管理部门,主要职责是:

(一)组织拟订重点实验室发展政策及相关管理规定,指导重点实验室的建设与运行。

(二)以部名义发布重点实验室认定指南,组织申报认定工作。

(三)组织开展重点实验室评估工作,依据评估结果对重点实验室进行调整。

第六条 省级交通运输主管部门、部属单位、共建高校、中央管理的大型交通运输企业是重点实验室的协助管理机构(以下简称"协助管理机构"),承担其所辖单位(包括本单位)重点实验室的建设和运行管理,主要职责是:

(一)推进重点实验室建设,落实相关配套支持政策,协调解决重点实验室建设与发展中的重大问题。

(二)依据本办法,指导和监督重点实验室的运行和管理。

(三)协助交通运输部审核重点实验室有关重大事项,配合做好重点实验室的考核、评估、检查等工作。

第七条 重点实验室依托单位(以下简称"依托单位")是重点实验室运行与管理的主体,主要职责是:

(一)确定重点实验室的发展目标、任务和研究重点,指导重点实验室的建设与管理。

(二)聘任重点实验室主任、学术委员会主任,经协助管理机构审核后报交通运输部备案;聘任重点实验室副主任和学术委员会副主任、委员。

(三)为重点实验室提供后勤保障以及运行经费等条件。

(四)配合交通运输部做好评估、检查等工作。

(五)根据学术委员会建议,提出重点实验室研究方向、发展目标等重大事项的调整申请。

第三章 申报与认定

第八条 重点实验室采用认定方式确定,由交通运输部发布认定指南,组织开展认定工作。认定指南由交通运输部科技主管部门商有关业务主管部门研究确定。

第九条 重点实验室须具备的基本条件:

(一)研究方向符合交通运输发展现实和长远需求,规划清晰、目标明确,在本领域有重要影响;有承担国家、部(省)重大科研任务的能力;学术水平和科研能力在国内或行业内领先,取得过高水平的科研成果,有培养高层次人才的能力。

(二)拥有学术水平高、在本研究领域有一定知名度的学术带头人;有一支科研能力强、年龄与知识结构较为合理的研究队伍。

(三)具有良好的实验条件和充足的研究场所,拥有国内先进水平的科学研究试验设备、仪器装备及配套设施等。依托单位能为重点实验室提供必要的后勤保障和运行经费。

(四)已连续运行 2 年以上,具有较完善的管理制度和基础条件。

第十条 符合认定基本条件的实验室,其依托单位可按规定格式填写《交通运输行业重点实验室认定申请书》《交通运输行业重点实验室认定指标测评表》,经协助管理机构审核后报交通运输部。认定主要对实验室基础条件与认定要求的匹配程度进行综合评估,认定程序分为初审和现场评审两个阶段。

第十一条 初审。交通运输部组织专家对重点实验室申报材料进行初审。初审包括形式审查、会评等。通过初审的,进入现场评审。

第十二条 现场评审。交通运输部组织专家对重点实验室进行现场评审,形成评审意见。

第十三条 交通运输部根据初审和现场评审意见,研究确定重点实验室认定结果,经公示无异议后予以公布。

第四章 运行与管理

第十四条 重点实验室实行"开放、共享、合作、竞争"的运行机制。

第十五条 重点实验室实行主任负责制,重点实验室主任应具有较高的学术水平、较强的组织能力和管理能力,负责重点实验室的全面工作。

第十六条 重点实验室主任任期 5 年,可以连任。任期内每年在重点实验室工作时间一般不少于 8 个月。

第十七条 学术委员会是重点实验室的学术指导组织,职责是审议重点实验室的目标、研究方向、重大学术活动、年度工作计划和总结。

学术委员会会议每年至少召开 1 次,每次实到人数不少于总人数的 2/3。

第十八条 学术委员会由相同或相关专业领域的专家组成,人数不低于 9 人,其中依托单位的学术委员会委员不得超过总人数的 1/2。学术委员会主任一般应由非依托单位人员担任。学术委员会委员每届任期 5 年,每次换届一般应更换 1/3 以上委员,原则上 2 次不出席学术委员会会议的委员应予以更换。

第十九条 重点实验室人员由固定人员和流动人员组成。固定人员应是依托单位聘用的全职人员,包括研究人员、技术人员和管理人员。流动人员包括留学人员、访问学者、进修人员等。

第二十条 鼓励重点实验室要加大对外开放力度,加强国际国内学术交流,积极承办、参加国际国内学术活动;设立开放课题,吸引优秀人才开展合作研究。

第二十一条 重点实验室的科研设施和仪器设备、科学数据等科技资源，符合条件的，应建立开放共享机制，依托有关平台面向社会开放运行；重点实验室应强化社会责任，面向社会开展科学知识传播与普及。

第二十二条 重点实验室应加强知识产权的规范管理。在重点实验室完成的专著、论文、软件、数据库等研究成果均应标注实验室名称；专利申请、成果转让、奖励申报等按国家和部有关规定执行。

第二十三条 重点实验室应建立健全各项规章制度，严格遵守国家有关保密、安全等管理规定。

第二十四条 重点实验室的日常运行费用由实验室、依托单位自筹，重点实验室应建立多渠道筹措研究与管理经费的机制，鼓励重点实验室与相关企业或机构合作开展技术研发、成果转化等活动，吸引社会力量投资重点实验室建设。

第二十五条 重点实验室应重视科学道德和诚信建设，坚持严谨治学，维护良好学术风气，营造宽松民主、潜心研究的科研环境。

第二十六条 重点实验室研究方向、发展目标变更等重大事项，须由依托单位提出书面报告，经学术委员会论证，协助管理机构审核后报交通运输部批准。

第五章 考核与评估

第二十七条 重点实验室实行年度考核与报告制度。依托单位每年组织对重点实验室进行年度考核，考核内容包括实验室研究水平与贡献、实验条件建设、队伍建设与人才培养、开放交流与运行管理等。年度考核报告应在下一年度3月底前经协助管理机构审核后，报交通运输部备案。

第二十八条 根据年度考核情况，交通运输部会同协助管理机构，每年对部分重点实验室进行现场检查，发现、研究和解决重点实验室存在的问题。

第二十九条 重点实验室实行定期评估制度。交通运输部负责重点实验室定期评估的组织实施，包括：制定评估规则，确定参评重点实验室名单，委托和指导有关机构开展具体评估工作，确定和发布评估结果，受理并处理异议等。

第三十条 定期评估周期为3~5年。定期评估主要对实验室近3~5年的整体运行状况进行综合评估，评估程序分为自评、现场评估和综合评议三个阶段。

第三十一条 自评。参加评估的重点实验室，应填写《交通运输行业重点实验室评估报表》《交通运输行业重点实验室评估指标测评表》，并形成自评工作总结报告，经协助管理机构审核后，报交通运输部。

第三十二条 现场评估。交通运输部对自评工作符合要求的重点实验室，组织专家进行现场评估并形成评估意见。

第三十三条 综合评议。交通运输部根据自评和现场评估情况进行综合评议，确定评估结果并予以公布。评估结果分优秀、合格、不合格。

第三十四条 交通运输部根据评估结果，对重点实验室进行动态调整。评估结果为优秀的优先推荐申报国家级重点实验室。评估结果为不合格的，限期整改；整改不通过的，不再列入重点实验室序列。

第六章 附　则

第三十五条 重点实验室统一命名为"××交通运输行业重点实验室（依托单位）"，英文名称为"Key Laboratory of Transport Industry of ××（依托单位）"。

第三十六条 在重点实验室建设与运行管理中,凡是属于国家科学技术涉密范围的相关情形和内容,应按照《国家科学技术保密规定》等相关法规执行。

第三十七条 铁路、民航和邮政领域可参照本办法制定或修订本领域重点实验室管理办法。

第三十八条 协助管理机构可依据本办法制定本单位重点实验室管理细则。

第三十九条 本办法自2017年11月15日起实施,有效期5年。《交通行业重点实验室管理办法》(交科教发〔2005〕317号)、《交通行业重点实验室认定与评估工作实施细则(试行)》(厅科教字〔2005〕298号)同时废止。

第四十条 本办法由交通运输部科技主管部门负责解释。

二、《交通运输行业研发中心管理办法》(交科技发〔2018〕114号)

第一章 总 则

第一条 为加强和规范交通运输行业研发中心(以下简称"研发中心")的管理,依据《中华人民共和国促进科技成果转化法》《国家工程研究中心管理办法》等有关法律和规章,制定本办法。

第二条 研发中心是交通运输行业科技创新体系的重要组成部分,是以企业为主体,以协同创新等方式开展共性关键技术和工程化技术研究、推动科技成果转化及产业化、聚集和培养优秀科技人才、开展技术交流与合作的重要基地。

第三条 研发中心的主要任务是围绕安全、便捷、高效、绿色、经济的现代综合交通运输体系建设,开展前沿引领技术、现代工程技术、颠覆性技术创新,促进重大科技成果的工程化、产业化,为提高综合交通供给能力、服务管理能力和可持续发展能力,建设交通强国提供科技支撑。

第四条 研发中心由具有较强研究开发和成果转化能力的企业牵头进行建设与运行,是具有相对独立性的研究开发实体,在人、财、物上实行相对独立的管理。

第五条 研发中心按照有关规定设立的党的组织,依照党章党规和中央要求发挥作用。

第二章 管理职责

第六条 交通运输部科技主管部门是研发中心的归口管理部门,主要职责是:

(一)组织拟定研发中心发展政策及相关管理规定,指导研发中心的建设与运行。

(二)以部名义发布研发中心认定指南,组织申报认定工作。

(三)组织开展研发中心评估工作,依据评估结果对研发中心进行调整。

第七条 省级交通运输主管部门、部属单位、中央管理的大型企业是研发中心的协助管理机构(以下简称"协助管理机构"),指导本地区或所辖单位研发中心的建设和运行管理,主要职责是:

(一)推进研发中心建设,落实相关配套支持政策,协调解决研发中心建设与发展中的重大问题。

(二)组建、调整研发中心管理委员会,聘任管理委员会主任、副主任、委员。

(三)依据本办法,指导和监督研发中心的运行和管理。

(四)协助交通运输部审核研发中心有关重大事项,配合做好研发中心的考核、评估等工作。

第八条 研发中心依托单位(以下简称"依托单位")是研发中心运行与管理的主体,主要职责是:

(一)制定研发中心的发展目标、任务和研究重点,负责研发中心的建设与管理。

（二）提出研发中心技术委员会组建、调整方案，聘任技术委员会主任、副主任、委员。

（三）为研发中心提供必要的支撑保障条件。

（四）配合交通运输部做好评估等工作。

（五）根据管理委员会和技术委员会建议，提出研发中心研究方向、发展目标和参加单位调整等重大事项变更的申请。

第三章 申报与认定

第九条 研发中心采用申报认定方式确定，由交通运输部发布申报指南，组织开展认定工作。申报指南由交通运输部科技主管部门商有关业务主管部门研究确定。

第十条 申报研发中心须具备以下基本条件：

（一）研究方向符合交通运输发展现实和长远需求，规划清晰、目标明确，在所申报领域有重要影响。

（二）具有一批有待工程化开发、拥有自主知识产权和良好市场前景、处于国内领先水平的重大科技成果。

（三）具有国内一流水平的研究开发和技术集成能力及相应的人才队伍。

（四）具有良好的实验条件和充足的研究场所，拥有国内先进水平的科学研究试验设备、仪器装备及配套设施等。

（五）具备较为完善的管理制度与运行模式。

第十一条 符合申报基本条件的依托单位，应按照规定格式提交《交通运输行业研发中心申报书》，经协助管理机构审核后报交通运输部。鼓励相关领域的优势企业、科研院所、高校等单位联合申报。

第十二条 认定主要对依托单位、参加单位的基础条件与认定要求的匹配程度进行综合评估。认定程序分为初审、现场评审和结果确定与公布三个阶段。

（一）初审。交通运输部组织专家对研发中心申报材料进行初审。初审包括形式审查、会评等。通过初审的，进入现场评审。

（二）现场评审。交通运输部组织专家对研发中心进行现场评审，形成评审意见。

（三）结果确定与公布。交通运输部根据初审和现场评审意见，研究确定研发中心认定结果，经公示无异议后予以公布。

第四章 运行与管理

第十三条 研发中心实行"开放、共享、合作、竞争"的运行机制。

第十四条 研发中心实行主任负责制，研发中心主任应具有较高的专业技术水平、较强的组织管理和市场开拓能力。

第十五条 研发中心主任任期5年，可以连任。任期内每年在研发中心工作时间一般不少于8个月。

第十六条 研发中心设管理委员会和技术委员会。

第十七条 管理委员会是研发中心的日常管理组织，主要职责是：审定研发中心发展规划和管理制度；聘任研发中心主任；审定技术委员会组建方案；审议研发中心年度工作报告，对研发中心进行年度考核；监督和审查研发中心的财务预决算；负责协调研发中心建设和运行过程中的其他事项等。

第十八条 管理委员会由协助管理机构及依托单位、参加单位有关人员组成，人数不少于7人。管理委员会主任一般由依托单位推荐人员担任；委员每届任期5年，每次换届一般更换1/3以上委员，原则上连续两次不出席管理委员会会议的委员应予以更换。管理委员会会议每年至少召开1次，每次实到人数不得少于总人数的2/3。管理委员会的组建、调整由协助管理机构负责，并报交通运输部备案。

第十九条　技术委员会是研发中心的学术指导组织，主要职责是为研发中心技术发展方向进行把关，为研发中心开展技术研发、成果转化提供技术咨询。

第二十条　技术委员会由相关专业领域的专家组成，人数不得少于9人，其中依托单位的技术委员会委员不得超过总人数的1/2。技术委员会会议每年至少召开1次。技术委员会组建及调整由依托单位提出并报管理委员会审定。

第二十一条　研发中心研究方向、发展目标、参加单位变更等重大事项，须经技术委员会论证、管理委员会审核后，由协助管理机构报交通运输部备案。

第二十二条　研发中心的日常运行费用由依托单位自筹，应建立多渠道筹措研究与管理经费的机制，鼓励研发中心与相关企业或机构合作开展技术研发、成果转化等活动，吸引社会力量等投资建设。

第二十三条　研发中心应加强知识产权的规范管理。完成的专著、论文等研究成果均应标注研发中心名称；专利申请、成果转让、奖励申报等应按国家和部有关规定执行。

第二十四条　鼓励研发中心对外开放，加强国际国内学术交流，积极承办、参加国际国内学术活动；设立开放课题，吸引优秀人才开展合作研究。

第二十五条　研发中心的科研设施和仪器设备、科学数据等科技资源，符合条件的，应建立开放共享机制，依托有关平台面向社会开放运行；研发中心应强化社会责任，积极服务行业发展，并面向社会开展科学知识传播与普及。

第二十六条　研发中心应建立健全各项规章制度，严格遵守国家有关保密、安全等管理规定。

第二十七条　研发中心应注重科研诚信建设，维护良好学术风气，营造宽松民主、创新共享、严谨求实的科研环境。

第五章　考核与评估

第二十八条　研发中心建立并实行年度考核与报告制度。管理委员会每年组织年度考核，考核内容包括研究水平与贡献、研究条件建设、队伍建设与人才培养、开放交流与运行管理、技术转化及经济效益、科研诚信建设等。年度考核报告应在下一年度3月底前经协助管理机构审核后，报交通运输部备案。

第二十九条　研发中心实行定期评估制度，评估周期一般为5年，主要对研发中心评估周期内整体运行状况进行综合评估。

第三十条　交通运输部负责定期评估的组织实施，包括：制定评估规则，确定参评名单，组织和指导有关机构开展具体评估工作，确定和发布评估结果，受理并处理异议等。

第三十一条　评估程序分为自评、现场评估和综合评议三个阶段。

（一）自评。参加评估的研发中心，应填写《交通运输行业研发中心评估报表》《交通运输行业研发中心评估指标测评表》，并形成自评工作总结报告，经协助管理机构审核后，报交通运输部。

（二）现场评估。交通运输部对自评工作符合要求的研发中心，组织有关机构和专家进行现场评估并形成评估意见。

（三）综合评议。交通运输部根据自评和现场评估情况进行综合评议，经公示无异后确定评估结果。

评估结果分优秀、合格、不合格。

第三十二条 交通运输部根据评估结果，对研发中心进行动态调整。评估结果为优秀的优先推荐申报国家级科技创新平台。评估结果为不合格的，限期整改；整改不通过的，不再列入研发中心序列。

第六章 附 则

第三十三条 交通运输部对通过认定的研发中心授予铭牌。铭牌的中文名称统一命名为"交通运输行业××研发中心（依托单位）"，英文名称为"Research and Development Center of Transport Industry of ×× （依托单位）"。

第三十四条 在研发中心建设与运行管理中，凡是属于国家科学技术涉密范围的相关情形和内容，应按照《科学技术保密规定》等相关规定执行。

第三十五条 国家铁路局、中国民用航空局、国家邮政局可参照本办法制定或修订铁路、民航、邮政领域研发中心管理办法。

第三十六条 本办法自 2018 年 10 月 1 日起实施，有效期 5 年。《关于印发交通运输行业研发中心管理办法（暂行）的通知》（交科技发〔2011〕437 号）、《关于印发交通运输行业研发中心认定工作实施细则（试行）的通知》（厅科技字〔2011〕179 号）同时废止。

第三十七条 本办法由交通运输部科技主管部门负责解释。

三、《交通运输行业协同创新平台管理办法（暂行）》（交科技字〔2013〕259 号）

第一章 总 则

第一条 交通运输行业协同创新平台（以下简称"平台"）是建立于交通运输转型发展时期，产学研相结合的新型科学技术创新组织。平台主要包括以企业为主体的协同创新平台和以高等院校为主体的协同创新平台。

以企业为主体的协同创新平台是指以企业为主体，整合高等院校、科研机构等，以企业发展需求和各方共同利益为基础，以提升产业技术创新能力为目标，以具有法律约束力的契约为保障，形成的联合开发、优势互补、利益共享、风险共担的产学研协同创新组织。

以高校为主体的协同创新平台是指以高等院校为主体，通过高校与高校、科研机构，特别是与大型骨干企业的强强联合，组建具有法律约束力保障的，从事交通运输重大科学问题研究、核心共性技术研发和转移的产学研协同创新组织。

第二条 平台的主要任务是组织企业、高等院校和科研机构等，按照"行业急需、国际一流"的要求，针对提高综合交通、智能交通、绿色交通和平安交通发展水平的重大科学问题和关键技术问题，开展科研合作，通过创新资源的有效分工与合理衔接，突破核心技术、实施技术转移、加速科技成果的转化应用。

以企业为主体的协同创新平台应具有较强的产业带动作用，有利于集聚创新资源，形成产业技术创新链。以高校为主体的协同创新平台应积极开展人才、学科、科研三位一体的综合改革。

第三条 平台构建要坚持以下基本原则：

（一）遵循市场经济规则。要立足于创新发展的内在要求和合作各方的共同利益，通过平等协商，在一定时期内，通过具有法律效力的契约，对成员形成有效的行为约束和利益保护。

（二）体现国家战略目标。要符合有关规划确定的重点领域，符合国家产业政策和节能减排等政策导向，符合提升国家核心竞争力的迫切要求。

（三）满足交通运输发展需求。要有利于掌握核心技术和自主知识产权，有利于引导创新要素集聚，有利于形成产业技术创新链，有利于促进交通运输转型发展。

第二章 管理机制

第四条 部科技主管部门是协同创新平台的归口管理部门，主要职责是制定协同创新平台发展相关政策，组织协同创新平台申报、认定和评估，发挥政府引导作用，促进协同创新平台发展等。

第五条 平台要设立相应的组织机构，明确对外承担责任的主体单位。平台组织机构包括决策、执行和咨询机构。

决策机构负责审议决策平台的重大事项，制定平台发展规划，确定平台的科技创新方向、组织方式、机构设置、议事规则及有关管理规定等。负责聘任咨询机构专家，组织协调人、财、物等资源配置，监督和审查平台的财务预决算，为平台提供支撑条件和服务保障等。

执行机构应配备专职人员，负责日常工作。执行机构的依托单位是对外承担责任主体单位，对平台承担的部科技计划项目的实施负总责，承担相应的组织实施及法律责任。

咨询机构由聘请的与科技创新方向相关技术领域的专家组成，主要对平台的科技创新提出咨询意见，把握学术方向和人才培养方向，负责对创新任务设置、人员遴选和考评、自主创新项目审核、创新人才培养、国内外合作与学术交流等提出建议。

第六条 平台应不断加强体制机制创新，建立健全规章制度和激励机制，积极探索科学适用的管理模式和运行机制，确保协同创新平台的顺利建设、高效运行和持续健康发展。

第七条 对于经部科技主管部门认定的平台，部将创新管理方式，营造有利的政策环境，发挥协调引导作用，采取多种措施，支持平台发展。

第八条 部在认定的平台中，择优推荐参与科技部"产业技术创新战略联盟"或教育部和财政部"2011协同创新中心"的认定。

第九条 建立绩效评价和退出机制，交通运输部科技主管部门按照平台确定的任务与规划，进行阶段性评估。对于执行效果不佳或无法实现预期目标的平台，要及时整改或予以裁撤。

第三章 申报与认定

第十条 平台申报的受理、评审、认定等工作由交通运输部科技主管部门负责。评审认定将综合考虑平台的研究领域、技术路线、预期成果和组织方式等。

第十一条 平台应具备以下基本条件：

（一）平台的依托企业原则上应处于行业骨干地位，依托高校应拥有省级及以上交通运输领域重点学科或重点研究平台。

（二）平台各参与单位具有良好的合作基础，任务明确、职责清晰，建立了强强联合或优势互补的协同机制，形成了良好的协同创新氛围。

（三）在协同创新的组织管理、人员聘任、绩效考核、人才培养、资源配置等方面开展了有效的机制体制改革，方案具体，措施可行。

（四）具有高水平的学术带头人，按照新的人才选聘机制，聚集了一批国内外优秀创新团队，有具体可行的人才聚集培养的计划，具备解决行业重大需求的能力和水平。

（五）有健全的经费管理制度。对平台经费要制定相应的管理办法，并建立经费使用的监督机制。

（六）建立了利益保障机制。平台研发项目产生的成果和知识产权应事先通过协议明确权利归属、许可使用和转化收益分配的办法，强化违约责任追究，保护平台成员的合法权益。

（七）建立了开放发展机制。能根据发展需要及时吸收新成员，并积极开展与外部组织的交流与合作。建立了成果扩散公开机制。

第十二条 申报与认定程序：

（一）自 2013 年开始组织实施平台的认定工作，平台有效期为四年。

（二）每年组织一次评审认定，按照一定数量和规模，择优遴选。

（三）评审认定的具体程序为：

1. 对申报材料进行形式审查；
2. 在行业内外遴选专家组建专家库，并对申报材料进行评审；
3. 组织专家现场考察；
4. 综合专家评审和考察结果，形成认定建议名单报部审核；
5. 通过评审认定的平台，由部科技主管部门授予铭牌。

第四章 附 则

第十三条 本办法由交通运输部科技主管部门负责解释。

第十四条 本办法自发布之日起施行。

四、《交通运输重大科研基础设施和大型科研仪器开放共享管理暂行办法》（交办科技〔2019〕10 号）

第一章 总 则

第一条 为推动交通运输重大科研基础设施和大型科研仪器开放共享，充分释放服务潜能，提升协同创新能力，依据《国务院关于国家重大科研基础设施和大型科研仪器向社会开放的意见》（国发〔2014〕70 号）、《国家重大科研基础设施和大型科研仪器开放共享管理办法》（国科发基〔2017〕289 号）等，制定本办法。

第二条 本办法所称交通运输重大科研基础设施和大型科研仪器（以下简称"科研设施和仪器"）是指政府预算资金投入建设和购置的用于交通运输领域科学研究和技术开发活动的各类重大科研基础设施和单台套价值在 50 万元及以上的科学仪器设备。

对于单台套价值在 50 万元以下的科学仪器设备，由管理单位自愿申报，交通运输部择优纳入管理。

第三条 本办法所称管理单位是指科研设施和仪器所依托管理的法人单位，包括：部属科研单位、高校及行业重点科研平台依托单位。

第四条 本办法所称开放共享是指管理单位在满足科研教学的基础上，将科研设施和仪器向社会开放共享，为其他单位和个人（以下统称"用户"）提供科学研究和技术开发服务的行为。

第五条 本办法所称的交通运输行业重点科研平台大型仪器设备开放共享平台（以下简称"开放共享平台"）是作为科研设施和仪器开放服务的统一门户，提供科研设施和仪器的信息集成、展示、在线服务、管理评价等功能。

第六条 开放共享平台按照有关要求与国家重大科研基础设施和大型科研仪器国家网络管理平台实现对接。

第七条 全部或部分利用财政资金投资的科研设施和仪器原则上应对外开放共享。法律法规、相关管理办法和保密制度另有特殊规定的按其规定执行。鼓励社会资金投资的科研设施和仪器向社会开放共享。

第八条 纳入开放共享平台统一管理、享受支持科技创新进口税收政策的免税进口的科学仪器设备开放共享，按科技部、海关总署印发的《纳入国家网络管理平台的免税进口科研仪器设备开放共享管理办法（试行）》（国科发基〔2018〕245号）执行。

第二章 管理职责

第九条 交通运输部负责管理指导科研设施和仪器开放共享工作，主要职责是：

（一）按国家有关要求协调、推动和监督科研设施和仪器开放共享工作。

（二）制定完善科研设施和仪器开放共享的政策措施。

（三）建设和管理开放共享平台。

（四）按照国家和部有关规定组织开展科研设施和仪器开放共享执行情况的评价考核。

第十条 省级交通运输主管部门、部属单位、中央管理的大型交通运输企业是推动科研设施和仪器开放共享的协助管理机构，主要职责是：

（一）建立健全科研设施和仪器开放共享的措施和制度。

（二）定期开展科研设施和仪器开放共享工作检查，跟踪掌握工作进展情况。

（三）按照分级分类原则，审核并发布科研设施和仪器的共享信息。

（四）按照交通运输部的要求，协调、组织开展对有关管理单位科研设施和仪器开放共享情况的评价考核。

第十一条 管理单位是科研设施和仪器开放共享的责任主体，主要职责是：

（一）落实国家和行业有关政策要求，制定本单位科研设施和仪器开放共享的制度。

（二）按要求向开放共享平台报送本单位科研设施和仪器信息及开放共享情况。

（三）加强实验技术队伍建设。

（四）配合做好开放共享评价考核工作，并接受社会监督。

第三章 开放共享

第十二条 交通运输部依托开放共享平台，会同协助管理机构建立科研设施和仪器开放共享的信息互通机制。

第十三条 管理单位应采取适合的方式对科研设施和仪器实行集中集约管理，促进科研设施与仪器开放共享和高效利用。

第十四条 管理单位应当自科研设施和仪器完成安装使用验收之日起30个工作日内，将符合开放共享条件的科研设施和仪器的有关信息按照要求报送至开放共享平台，经协助管理机构审核后发布。

第十五条 管理单位在提供开放共享服务中应当与用户订立合同，约定服务内容、知识产权归属、保密要求、损害赔偿、违约责任、争议处理等事项。

第十六条 管理单位使用科研设施和仪器对外提供开放共享服务，可按成本补偿和非营利原则收取费用，也可按市场化方式商定收费标准。开放服务收费标准应通过开放共享平台等渠道向社会公布。行政事业单位相关收入按国有资产有偿使用收入有关规定执行。

第十七条 管理单位要建立完善的科研设施和仪器运行和开放情况记录，每半年按照要求向开放共享平台报送相关信息。部属科研单位、高校的信息报送按照国家有关规定执行。

第十八条 管理单位应当加强网络防护和网络环境下数据安全管理，保护科研设施和仪器开放共享的用户身份信息及在使用过程中形成的知识产权和科学数据。

用户独立开展科学实验形成的知识产权由用户自主拥有；用户与管理单位联合开展科学实验形成的知识产权，双方应事先约定知识产权归属或比例。

用户使用科研设施和仪器形成的著作、论文等发表时，应明确标注利用科研设施和仪器情况。

第四章 评价考核

第十九条 交通运输部会同协助管理机构组织开展科研设施和仪器开放共享执行情况评价考核，并通过适当方式公布评价考核结果。部属科研单位、高校科研设施和仪器开放共享考核按国家有关要求执行。行业重点科研平台科研设施和仪器开放共享考核工作与重点实验室、研发中心的定期评估相结合。

第二十条 评价考核结果将作为科研设施和仪器建设和配置的重要依据。交通运输部将结合评价考核结果和仪器设备资产存量情况，对部属单位拟新建设设施和新购置仪器开展查重评议工作，避免资源重复建设。

第二十一条 评价考核结果将在行业重点科研平台评估等工作中应用。对于使用效率高、开放效果显著、评价考核结果好的管理单位，部将以适当方式通报表扬。对于评价考核结果较差的管理单位，部将通过开放共享平台予以通报。

第二十二条 评价考核的内容包括：科研设施和仪器运行情况、开放制度建设、服务质量、开放效果和信息报送等。重大科研设施开放共享的评价考核参照《国家重大科技基础设施管理办法》执行。

第二十三条 协助管理机构和管理单位要加强对有关单位科研设施和仪器开放共享工作的监督管理。

第五章 激励机制

第二十四条 管理单位应重视实验技术队伍建设，加强教育、培养和培训，不断提高实验技术人员的专业素质、业务能力，保障科研设施和仪器的安全可靠使用和服务功能的充分发挥。对表现突出的实验技术人员，要及时予以激励。

第二十五条 开放共享服务收入纳入管理单位预算统一管理。具体由管理单位制定细则或参照所在地政策执行。

第二十六条 管理单位间可通过建立联盟等合作形式，聚焦关键共性技术、前沿引领技术、现代工程技术、颠覆性技术研究，集中优质资源开展科研设施和仪器开放共享，促进学科交叉融合，提升协同创新能力。鼓励行业重点科研平台在符合有关保密规定的条件下与国防科技重点实验室、军工和军队重大实验设施开放共享，提升军民协同创新能力。

第二十七条 鼓励企业和社会力量以多种方式参与共建科研设施和配置科研仪器。管理单位可委托专业服务机构承担科研设施和仪器的日常管理维护工作,加强社会化服务和市场化运营。

第六章 附 则

第二十八条 协助管理机构可依据本办法结合实际制定或修订相关管理规定和实施细则。国家铁路局、中国民用航空局、国家邮政局可参照本办法制定或修订铁路、民航、邮政领域科研设施和仪器开放共享管理办法。

第二十九条 本办法由交通运输部科技司负责解释。

第三十条 本办法自 2019 年 3 月 1 日起施行,有效期 5 年。